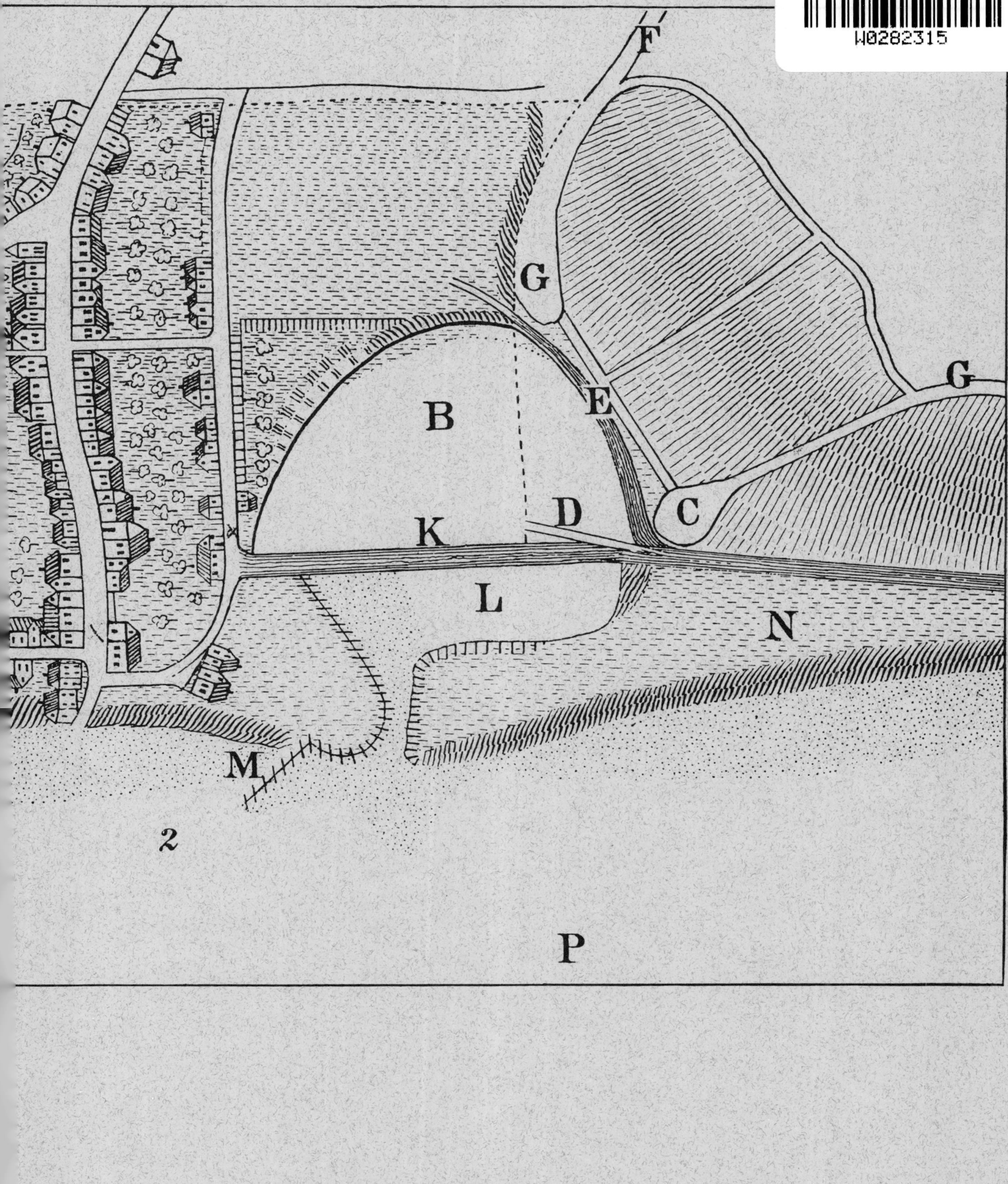
F
G
B
E
G
D
K
C
L
N
M
2
P

Wyk auf Föhr

Das älteste Seebad an Schleswig-Holsteins Nordseeküste

Text von Uwe Zacchi
Farbfotografien von Günter Pump

Verlag Boyens & Co.

Herausgegeben von der
Städtischen Kurverwaltung des Nordseeheilbades Wyk auf Föhr

Der Autor und der Verlag danken der Leitung und den Mitarbeitern des Dr.-Carl-Haeberlin-Friesenmuseums und der Städtischen Kurverwaltung Wyk auf Föhr für die Unterstützung bei der Auswertung beider Bildarchive. Auch gilt ein besonderer Dank den vielen Gesprächspartnern für die bereitwillige Mithilfe beim Recherchieren für das Manuskript dieses Buches.

Bildnachweis

Archiv der Kurverwaltung Wyk auf Föhr: S. 20, 40, 41, 48, 52 oben, 52 unten, 54, 77, 78, 79. – Archiv des Dr.-Carl-Haeberlin-Friesenmuseums Wyk auf Föhr: S. 18, 19, 21, 22, 23, 43, 44, 50, 51, 55. – Postkartensammlung Andreas Rechert: Titelseite, S. 24, 39, 42, 47, 53, 75, 76. – Postkartensammlung Elise Stamp: S. 26. – Aus Jutta Müller: „Johann Friedrich Fritz 1798–1870“: S. 27. – Aus C. Haeberlin: „Chronik des Seebades Wyk-Föhr 1819 bis 1919“: zwei Ortspläne im Vorsatz.

ISBN 3-8042-0648-4

Gestaltung: Günter Pump
Herstellung: Westholsteinische Verlagsdruckerei Boyens & Co., Heide
Printed in Germany

Zu Gast in Wyk auf Föhr

Neulich besuchte mich eine unserer ganz typischen Gästegruppen: eine Familie, die Neumanns aus Hannover. Da ich mir oft und gern Zeit für unsere Gäste nehme, bat ich sie herein, und wir setzten uns in meinem Büro in der Kurverwaltung zusammen. In den ersten Gesprächsminuten erfuhr ich, wie die Neumanns erstmalig den Weg zu uns nach Wyk auf Föhr fanden.

Sven, der jüngste Sohn der Neumanns, hatte immer mal wieder mit Husten und Bronchitis zu tun. Der Arzt in Hannover hatte geraten, mit dem gerade sechsjährigen Sven möglichst oft und möglichst lange an die Nordsee zu fahren. Außerdem empfahl er Frau Neumann wegen ihrer ständigen Verspannungen in Nacken und Rücken eine offene Badekur.

Man erkundigte sich also im Bekanntenkreis und hörte immer wieder vom „Familienbad" Wyk auf Föhr. Das Gastgeberverzeichnis wurde angefordert, und die Neumanns buchten nach kurzer Suche für vier Wochen eine schöne Ferienwohnung in der verkehrsberuhigten Zone mitten in Wyk. Das erwies sich bei Ankunft als ideal: Sven hat ein eigenes Schlafzimmer, die Familie ist unabhängig, kann tun und lassen, was sie will, und versorgt sich selbst. Die anderen zwei Sprößlinge der Neumanns sind schon fast erwachsen und hatten „keinen Bock" auf Familienurlaub. Außerdem waren keine Schulferien – die beiden hüteten also die heimatliche Wohnung.

Und hier waren sie nun – das erste Mal auf Föhr, gestern angekommen und noch etwas blaß um die Nase. Der Grund, warum die Neumanns mich besuchten, wurde spontan von Sven offenbart: „Sag mal, Frau Jessen, was kann man denn hier so machen? Bisher finde ich das ganz schön langweilig!" Und einen Teil dieser Frage beantwortete er sich gleich selbst: „Mama, du hast mir versprochen, daß wir heute gleich im Meer baden gehen!"

Da mußte ich Sven erstmal erklären, daß er damit noch zwei, drei Tage warten sollte: „Weißt du, Sven, die Luft, das Klima und die Nordsee hier oben sind zwar sehr gesund, aber es ist wichtig, daß man es langsam angehen läßt. Hast du schon gemerkt, daß du ziemlich viel schläfst und immer Hunger hast, seitdem du hier bist? Daran merkst du, daß dein Körper sich erstmal ein paar Tage an alles gewöhnen muß. Wenn du heute schon ins Wasser springst, könntest du gleich krank werden, und der Spaß an deinen Ferien wäre vorbei."

Sven guckte mich erstaunt und verständnislos an. „Aber", sagte ich zu Sven, „ich weiß noch andere tolle Sachen, die du mit deinen Eltern in den ersten Tagen hier machen kannst! Minigolf spielen und Trampolin springen, zum Beispiel. Fahrräder leihen, über die Insel radeln und Kühe, Pferde und Schafe entdecken. Eine Vogelkoje besichtigen." „Was'n das?" fragte Sven. „Das ist ein Teich mit vier Ausläufern und Bäumen drumherum, in dem früher Enten gefangen wurden. Dafür wurden erstmal ein paar Enten gezähmt . . . – aber mehr will ich nicht verraten. Den Rest läßt du dir am besten vom Kojenwärter erklären!"

Frau Neumann erzählte mir, daß sie immer vormittags Termine für die Anwendungen ihrer offenen Badekur im Kurmittelhaus hätte: Seewasser-Wannenbäder, Schlickpackungen, Krankengymnastik im Bewegungsbad und Massagen. Beim Schlick war sie etwas mißtrauisch: „Was ist denn das eigentlich ganz genau? Bei uns hört man immer nur, daß Schlick (Hafenschlick) Sondermüll ist – und damit wollen Sie mich behandeln?" Ich erklärte Frau Neumann, daß wir den Nordseeschlick sozusagen direkt vor der Haustür gewinnen. Schlick hat sich über Jahrhunderte hinweg durch die Ablagerung von Schwebstoffen und die ständige Bewegung von Ebbe und Flut im Wattenmeer abgesetzt. Er wird in unserem Kurmittelhaus durch Zugabe von Seewasser geschmeidig gemacht und unter Rühren erhitzt. Schlick speichert die Wärme ausgezeichnet und ist deswegen als Packung sehr heilsam und entspannend. Also die ideale Vorbereitung für eine Massage. Schlick wird, wie auch das Seewasser für Wannen- und Bewegungsbäder, ständig von einem unabhängigen Apotheker, dem Herstell- und Kontrolleiter, überprüft. Beide gelten nämlich als richtige Arzneimittel! Ich versorgte Frau Neumann noch mit unserem Kurprospekt, in dem alles ganz genau erklärt wird und der ihr viele wichtige Informationen über ihre Badekur vermittelt.

„Und wenn Sie immer vormittags Ihre Anwendungen haben, würde ich vorschlagen, daß Vater und Sohn in dieser Zeit ihr eigenes Ferienprogramm gestalten.“ „Das ist eine gute Idee – haben Sie Vorschläge für uns?“ fragte Herr Neumann. Meine Rückfrage nach den Interessen wurde beantwortet mit: „Sven und ich mögen alles, was mit Wasser zu tun hat. Also Schiffe, Schwimmen, Meer, Ebbe und Flut . . .“

„Dann sind Sie hier genau richtig!“ antwortete ich. „Zuerst schlage ich einen Besuch unseres Umweltzentrums am Sandwall, der Wyker Strandpromenade, vor. Dort gibt es den Naturerlebnisraum der Schutzstation Wattenmeer, wo man sich spielerisch auf den speziellen Lebensraum hier oben im nordfriesischen Wattenmeer vorbereiten kann. Außerdem ist da etwas Einzigartiges zu sehen: ein Lebenddiorama des Watts! Das ist sozusagen ein Modell mit allem, was dazugehört: Seewasser, Tiere des Wattenmeeres, Salzwiese, Ebbe und Flut im richtigen Rhythmus und so weiter. Das wird für Sie beide spannend und interessant!“

Ich stand auf und holte unser aktuelles Veranstaltungsprogramm. „Sehen Sie, Herr Neumann: morgen fährt die Wyker Dampfschiffs-Reederei zur Hallig Hooge. Was eine Hallig genau ist? Das können Sie am besten vor Ort herausfinden. Ich sage nur so viel: eine Hallig ist keine Insel, die Häuser stehen da auf Hügeln, die man Warften nennt, und es gibt keinen hohen Deich. Übermorgen können Sie mit Sven eine Fahrt auf einem richtigen Krabbenkutter machen. Sie wird begleitet von Zivildienstleistenden der Schutzstation Wattenmeer, die mit Ihnen Seetiere fischen und viel Wissenswertes über diesen Lebensraum zu erzählen haben.“

„Au prima! Papa, und wenn wir einen Krebs fangen, dann kochen wir ihn aus, und ich nehm’ ihn mit nach Hannover.“ „Nein, Sven. Das ist bestimmt nicht der Sinn der Sache. Wir wollen die Tiere da lassen, wo sie hingehören, und am Leben sollen sie auch bleiben.“ Ich bestätigte das lächelnd. „Sven, du kannst aber alles, was du so am Strand findest, sammeln, und dann melden wir dich bei der ‚Kleinen Werkstatt‘ im Umweltzentrum an. Da bastelst du mit der Betreuerin und anderen Kindern dein ganz persönliches Andenken an die Ferien in Wyk auf Föhr. Und mit deinen Eltern kannst du da auch die Freizeithelfer der Nordelbischen Kirche besuchen. Die organisieren Spiele und Programme für die ganze Familie, zum Beispiel morgens eine Wattwanderung mit Frühstück hinterher. Und jeden Abend lesen sie euch Kindern eine Gute-Nacht-Geschichte vor – bei gutem Wetter am Strand, am ‚blauen Strandkorb‘. Dort lernt ihr schnell andere Familien kennen, ihr könnt euch verabreden und gemeinsam etwas unternehmen.“

Nun gab ich Familie Neumann einen Stadtplan zur ersten Orientierung und unsere Umweltbroschüre, die von den vielen Aktivitäten der Insel in Sachen Umweltschutz berichtet. „Sie müssen nämlich wissen, daß zum Beispiel bei uns der Müll getrennt gesammelt wird. So ähnlich wie beim ‚grünen Punkt‘ – nur mit einem Unterschied: es funktioniert, und das schon seit Jahren! Bei Ihrem Ferienhaus finden Sie zwei Mülltonnen, eine graue und eine grüne. Alles, was wiederverwertbar ist – also Papier, Kunststoff, Einwegflaschen und so weiter –

kommt sauber und trocken in die grüne Tonne. Alles andere ist Hausmüll, also für die graue Tonne bestimmt. Die Stoffe in der grünen Tonne werden auf dem Festland von Hand sortiert und dann dem Recycling zugeführt. Bei uns müssen Sie also nicht extra zum Papier- oder Glascontainer. Das spart Wege, macht weniger Dreck und Lärm und ist auch noch viel bequemer! Schön wäre außerdem, wenn möglichst jeder Haushalt eine Komposttonne hätte. Da werden Küchen- und Gartenabfälle und andere organische Stoffe ganz von selbst zu Blumenerde. Aber daran arbeiten wir noch." Ich berichtete noch kurz von Windkraftanlagen, Geschirrspülmobil, vorbildlicher Kläranlage und von der Arbeit der vielen Naturschutzverbände auf Föhr.

„Und was ist bei Ihnen auf kultureller Ebene so los?" wollte Frau Neumann wissen. „Für jeden Geschmack etwas", antwortete ich. „Schauen Sie mal in das Veranstaltungsprogramm. Wie wär's mit einem Chansonabend, einer Theatervorführung oder einem klassischen Konzert in einer der Inselkirchen?" „Hört sich gut an", warf Frau Neumann ein, „aber Sven ist dafür noch zu klein, und außerdem muß er spätestens um acht im Bett sein." „Kein Problem!" kam es von mir. „Wir vermitteln Ihnen gern einen Babysitter". Das kostet nicht die Welt, und Sie können beruhigt Ihren ‚erwachsenen' Urlaubsbedürfnissen nachgehen."

„Und was kann man unternehmen, wenn das Wetter mal schlecht ist?" fragte Herr Neumann mich. „Abgesehen davon, daß das Nordseewetter zwar manchmal etwas rauh, aber eigentlich nie ‚schlecht' ist – ich sage nur: ‚Friesennerz' – können Sie zum Beispiel das Friesenmuseum in Wyk besichtigen. Von der Entwicklung der Friesentracht über Fundstücke aus dem untergegangenen Wald im Wattenmeer bis hin zum hier wieder aufgebauten ältesten Haus der Insel aus Alkersum kann man viel bestaunen. Es gibt aber noch andere kleine Museen auf der Insel. Stelly's Hüüs oder das Landwirtschaftsmuseum . . ."

„Was heißt ‚Hüüs'?" will Sven wissen. „Das ist ein friesisches Wort und bedeutet ‚Haus'. Friesisch ist eine richtige Sprache, die es nur an der Nordseeküste gibt, bis hinunter nach Holland. Viele Worte dieser Sprache haben mehr Ähnlichkeit mit Englisch als mit Deutsch. Achte mal darauf, Sven, auf Föhr passiert es immer wieder, daß Leute sich in dieser Sprache unterhalten. Das merkst du daran, daß du nicht verstehst, was sie sagen. Und stell' dir mal vor, hier gibt es in der Schule Unterricht in Friesisch – wie bei einer richtigen Fremdsprache!"

Die Neumanns waren jetzt voll Tatendrang und brannten darauf, Wyk und die Insel zu entdecken. Wir verabschiedeten uns herzlich, und ich gab ihnen noch den Rat mit auf den Weg, so viel Zeit wie möglich an der frischen und gesunden Nordseeluft zu verbringen. „Da wirken unsere natürlichen Heilmittel Licht, Luft und Wasser ganz intensiv. Mit jedem Schritt und Atemzug tun Sie etwas für Ihre Gesundheit. Diese Erholung spüren Sie nach einem halben Jahr noch. Sven wird weniger Kummer mit seinem Husten haben, und Sie, Frau Neumann, erfahren, wie wohltuend und nachhaltig eine Kur an der Nordsee wirkt!"

Solche und ähnliche Gespräche, liebe Leser, führe ich oft und gern. Vielleicht haben Sie ja meiner Schilderung einige Anregungen für Ihren Urlaub oder Ihre Kur bei uns entnehmen können. Es gibt übrigens noch eine gute Möglichkeit, einen der wenigen Regentage hier auf angenehme Weise zu überbrücken: lesen und betrachten Sie die folgenden Seiten. Sie werden erfahren, wie der Flecken „bi de Wyk" vom einstigen Ort der Sommerfrische zum heutigen Nordseeheilbad und zur Stadt Wyk auf Föhr wurde. Sie werden alte Bilder und Fotos entdecken, die Sie bei nächster Gelegenheit mit dem heutigen „Original" vergleichen können. Und Sie werden sich bei der Lektüre dieses Buches noch oft an Ihre schönen Stunden in Wyk auf Föhr erinnern.

Viel Spaß beim historischen Bummel durch unsere Stadt

wünscht Ihnen

EIKE JESSEN

Kurdirektorin des Nordseeheilbades Wyk auf Föhr

NORDFRIESLAND
WYK / FÖHR

Der Nordsee-Urlaub beginnt für Föhr- und Amrum-Gäste schon im Festlandshafen Dagebüll. Auf den großen Sonnendecks der WDR-Schiffe haben die Inselbesucher die frische Seeluft aus erster Hand und dazu das interessante Panorama der vorüberziehenden Hallig-, Insel- und Wattenmeerlandschaft Nordfrieslands.

Am Reedereigebäude in Wyk fesselt ein 200 Jahre alter Anker einer holländischen Tjalk die Aufmerksamkeit. Fischer holten ihn vom Meeresgrund vor Amrum und überließen ihn dem Hafenamt.

Wolkengebirge über dem Fähranleger. Meer, Sand und Segel geben zusätzliche Farbwirkungen.

1962

Ein Bummel rund um den Wyker Hafen gleicht einer Entdeckungsreise, nicht nur für Fotofreunde, sondern auch für alle, die den Blick für reizvolle Details und den Sinn für das Atmosphärische bewahrt haben.

Große Teile der Wyker Innenstadt mit ihren schmalen Straßen, winkligen Gängen und blumenreichen Ruheplätzen sind zur Fußgängerzone erklärt worden. In dieses von Tradition bestimmte Gesamtbild fügen sich Geschäfte, Pensionen, Gaststätten und Galerien gut ein. Manches kleine Werk überkommener Ortshandwerkerkunst erfreut die Passanten am Wege.

Neben dem Glockenturm ist die Wyker Windmühle ein liebenswertes Wahrzeichen der Badestadt. Beide Bauwerke aus dem vorigen Jahrhundert werden zwar neuerdings von einigen Hochbauten überragt, doch sind sie von vielen Punkten des Ortes aus immer wieder ein Blickfang.

Das Straßenbild des Städtchens Wyk verbindet anheimelnde Gemütlichkeit mit reichhaltigem, zeitgemäßem Kaufangebot. Die Anregung zum gemütlichen „Shopping“ ist also groß.

Ein Landvogt, ein Physikus und andere „Geburtshelfer"

Eigentlich verdankt das Nordseebad Wyk auf Föhr seine Gründung im Jahre 1819 zwei glücklichen Zufällen: erstens dem, daß der Land- und Gerichtsvogt Hans Friedrich Karl von Colditz bei seiner Berufung nach Föhr 1818 nicht Nieblum als Wohnort wählte, sondern Wyk; und zweitens dem Umstand, daß er gerne im klaren Seewasser vor Wyk badete.

Die Ansichten über das Baden im Freien hatten sich um die Wende des 18. zum 19. Jahrhundert gewandelt. Noch um 1770 war es kein Geringerer als der junge Goethe, der „öffentliches Baden" als „eine Verrücktheit der Enthusiasten für den Naturzustand" bezeichnete. Aber sein ihm so gegensätzlicher Dichter-Kollege Georg Christoph Lichtenberg stellte schon 1793 die provokante Frage in einem epochemachenden Aufsatz: „Warum hat Deutschland noch kein großes öffentliches Seebad?"

Der badefreudige Wyker Land- und Gerichtsvogt wird schwerlich etwas von dieser oder jener Meinung der Literaten als Triebfeder seines Tuns empfunden haben. Auch das „tollkühne Unternehmen" des Herzogs Friedrich Franz I. von Mecklenburg-Schwerin im Jahre 1793, als der hohe Herr zusammen mit sechs Kammerherren und einem Prinzenerzieher in Heiligendamm bei Doberan erstmals in die Fluten stieg und damit dort das erste deutsche Seebad begründete, dürfte kaum bewußt eine Vorbildfunktion für das landvögtliche Badevergnügen im kleinen Wyk gehabt haben. Von Colditz hat einfach die gute Wirkung des kalten Seebades am eigenen Körper gespürt und zur Belebung und Gesundheit gern die kostenlose große „Badewanne" vor seiner Haustür benutzt. Und er zog die richtigen Schlüsse aus seinem kühlen, salzigen Vergnügen.

Der zweite „Geburtshelfer" des Wyker Bades war der Husumer Physikus Dr. Thomas F. Friedlieb. Er, der als erster die Idee zur Gründung einer Badeanstalt in Wyk hatte, sah sich jetzt bestätigt. In einem Schreiben des Landvogts von Colditz an die Schleswig-Holsteinische patriotische Gesellschaft zu Altona vom 31. August 1819 würdigt er den Husumer Arzt mit den Worten: „Bei der Stiftung dieser (Bade-)Anstalt liegt es mir zuförderst ob, die Verdienste des Herrn Doktor und Physikus Friedlieb in Husum anzuerkennen, dem wir ein ausführliches Gutachten mit Plan und Kostenanschlag verdanken und der jede Gelegenheit benutzt hat, durch Rat und Tat das Gedeihen der Anstalt zu fördern."

Um 1819 ging es den Bewohnern des Flekkens Wyk wirtschaftlich nicht gut. Im englisch-dänischen Krieg 1807–1814 hatten sie als Untertanen der dänischen Krone auf der Verliererseite gestanden. Der anschließende Staatsbankrott hatte viele ihrer Ersparnisse beraubt. Die französische Kontinentalsperre legte jahrelang die Haupterwerbsquelle der Inselfriesen, die Schiffahrt, lahm. Auch nach dem ersehnten Friedensschluß blieben Handel und Gewerbe in der Krise. Dazu kam die Schuldenlast, die besonders seit dem Hafenbau von 1805/06 auf dem kleinen Gemeinwesen mit seinen etwa 180 Familien und 650 Einwohnern lastete. In den drei Jahrzehnten vor 1820 verfiel mehr als ein Viertel der Häuser; die Einwohnerzahl war rückläufig. Ein Anonymus schrieb 1811: „Wovon viele in Wyck leben, verstehe ich nicht so ganz" und befürchtete sogar den „Untergang des Ortes".

Gewiß – der Anstoß zu einer wirtschaftlichen Neuorientierung damals noch ungeahnten Ausmaßes ging (wie meistens?) von Inselfremden aus. Aber die Wyker zogen von Anfang an kräftig mit. Im Mai des Gründungsjahres kam eine Aktiengesellschaft zustande, an der sich ungefähr zwanzig Aktionäre mit jeweils 40 Spezies-Talern beteiligten. Die Direktion erwarb im Auftrag

Eine alte Ansicht aus dem 19. Jahrhundert zeigt Wyk, von See her gesehen, mit dem Hafen, dem Königsgarten und dem nördlichen Ortsteil.

der AG ein Gebäude in Strandnähe, ließ es zum Badehaus für warme Seebäder ausbauen, gab einige Badekarren für das Kaltbad in Auftrag und wies einen Badeplatz am sandigen, sanft abfallenden Ufer aus. Zur Direktion gehörten auch der Fleckensdeputierte Knud Levsen, der auch als Wohnungsvermittler fungierte, und der Kaufmann Andersen, der die Badebillets verkaufte.

Eine Art Werbebroschüre, die der rührige Landvogt bei den Buchhändlern in Schleswig und Holstein auslegte, rückte natürlich alles ins beste Licht: die reinlichen Stuben in freundlichen Häusern mit kleinem Garten, die nicht teuren Lebensmittel, die freundlichen Fleckensbewohner, die schützenden Bäume und lebenden Hecken, die unterhaltsamen Abende mit welterfahrenen Seeleuten, freundschaftlichen Beamten und Predigern und dem geselligen Postmeister . . . Vom gesundheitlichen Wert einer Föhrer Badekur zu schreiben, kam am ehesten einem Arzt zu. Der Professor der Arzeneikunde in Kiel, Wiedemann, gab am Ende der ersten „Saison" ein Gutachten des Inhalts, daß „die Badekutschen geräumig, der Boden der Badestellen fest und sandig, die Wannen zu den künstlichen Bädern zweckmäßig und bequem, das Badehaus vorteilhaft und die Nähe der Badeplätze ein unschätzbarer Vorteil" seien.

Das Glück im Umgang mit den wohlhabenden Fremden ist ein scheuer Vogel. Das sollten die Wyker noch in vielen Jahrzehnten des Auf und Ab ihres Seebades erfahren. Aber im Gründungsjahr war dieses Glück den Mutigen gnädig. 1819 besuchten 61 Badegäste Wyk auf Föhr und nahmen 484 warme und kalte Bäder! Jahre später, 1851, schrieb Theodor Mügge in seinem Buch „Der Voigt von Sylt" den Satz: „Legt Seebäder an, und Eure Möwen und Seeschwalben werden goldene Flügel bekommen!" – Von Gold in jeder Form waren die Wyker und Wykerinnen noch weit entfernt, aber immerhin: die Badgründung war kein Fehlschlag wie die von 1818 in Tönning. So wurde die Siedlung „an der Bucht" – bi de Wyk – das älteste und damit traditionsreichste Nordseebad Schleswig-Holsteins.

Die „Allee“ – Mittelpunkt des Kurbetriebs

Zu den Besonderheiten des Seebades Wyk gehört seine Lage am geschützten Ostufer der Insel. Es ist wie eine Laune der Natur, daß gerade hier ein tiefer, klarer, starker Wattenmeerstrom dicht an das sandige, flach abfallende Ufer herankommt. Eine Laune? Nein, ein Geschenk der Natur! Im Atemzug von Ebbe und Flut zieht das im Sandwatt erwärmte Wasser am Wyker Strand entlang, sechs Stunden in dieser, sechs Stunden in jener Richtung. Einmalig ist auch der Blick vom Sandwall hinüber zu der Kette der Halligwarften von Oland und Langeneß-Nordmarsch. Ein besonders im Sommer lebhafter Schiffsverkehr in der Norderaue fesselt immer wieder den Blick.

Durch die windgeschützte Lage im Osten Föhrs ist das Wyker Ufer baumbestanden, fast seit der Gründung des Seebades, und heute zudem durch Rasenflächen grün gerahmt und durch Blumenbeete bunt belebt. Jeder Gast bemerkt es schnell: dieser Ortsteil ist Wyks „gute Stube“, ist sein „Schaufenster“. Die Verbindung von Promenade mit Musikpavillon und Veranstaltungszentrum, von Geschäftsstraße mit verschiedenen Arten von Lokalen und dazu der Übergang zum Badestrand und zur Mittel- und Seglerbrücke – all dies macht den Reiz des Sandwalls aus, den die Vorfahren „die Allee“ nannten. Seit der Gründung des Bades hat jede Generation viel Mühe darauf verwandt, diesen Ortsteil zu verschönern.

Vier Ulmen vor dem Badehaus waren dem

Die Badeanstalt
für die warmen Seebäder am Sandwall,
etwa 1870.

„Die Erholung in Wyk auf Föhr“,
Lithographie von Johann F. Fritz
aus den 1840er Jahren, der „Königszeit“.

Herrn von Colditz zu wenig. Im Oktober 1819 richtete er einen Brief an den „allerdurchlauchtigsten, großmächtigsten König, den allergnädigsten Erbkönig und Herrn“ in Kopenhagen und bat um das Geschenk junger Bäume, die auf sandigem Boden bei Seewind gut wachsen könnten. Majestät entsprach der Bitte, und schon im nächsten Frühjahr trafen etwa 1000 junge Bäume zur Anpflanzung um das Bad aus dem königlichen Forst ein. Zwei Reihen Ulmen zierten dann ab 1820, als schon 101 Gäste Wyk besuchten, das Ufer.

Die dritte Reihe kam 1845 hinzu, als man sich in der „Königszeit“ verpflichtet fühlte, noch mehr für die „Allee“ zu tun, die in einer Schilderung des Kammerherrn von Warnstedt (1824) als „der allgemeinste und besuchteste Spazierweg, besonders auch für Diejenigen, die irgend einen Mineralbrunnen trinken“ bezeichnet wird. Und zehn Jahre später (1834) schwärmt ein „vorjähriger Badegast“ begeistert vom Sandwall: „Einen der angenehmsten Spazierwege gewährt des Morgens, wenn vor dem Badehause Blasharmonien erschallen, die am Ufer fortlaufende Allee . . .“

Zu verschenken hatten die Wyker nichts – außer ihrem guten Seewasser. Als sich das Bad 1824 eine Satzung gab, gehörte es zu den Aufgaben der Direction, die Anpflanzungen instand zu halten. Diese Arbeiten waren ehrenamtlich zu verrichten. Aber wer mithalf, Wyks Uferpromenade hübsch zu erhalten, durfte unentgeltlich die Bäder benutzen. Sparsame Bürgervertreter, gewiß. Aber auch solche mit Herz für die Armen. 1825 erhielten immerhin „unvermögende Kranke“ Bäder gratis.

Das 1823 gerichtete Gesellschaftshaus „Die Erholung“ übertraf an Höhe und Aufwand bedeutend die schmalen Giebelhäuser der Fleckensbewohner am Sandwall. Das neue Etablissement – vom Ortspastor Asmussen in einem langen Gedicht mit beißendem Spott bedacht – enthielt einen Speisesaal für die „Table d'hôte“ (drei Gänge, ohne Wein, 20 Schilling), Gesellschaftszimmer, Lesekabinett und Billardraum.

Es gibt eine hübsche Lithographie „Die Erholung in Wyck auf Föhr“ von dem Flensburger Zeichner Johann Friedrich Fritz. Dieses Bild gibt einen guten Eindruck vom Kurbetrieb am Sandwall etwa zur Zeit der Königsbesuche (1842–47). Vor dem Hause Gastwirtschaftsbetrieb: die Herren tragen fast ausnahmslos Zylinder, die Damen die weiten Krinolinenröcke und zierliche Hauben. Unter einem großen Baum haben sieben Musiker der Kurkapelle am Holztisch Platz genommen.

Auf der Promenade wird der Unterschied zwischen den Einheimischen und ihren vornehmen Gästen deutlich. Die Föhrer Mäd-

Der Sandwall bekam schon im vorigen Jahrhundert durch die Allee und die Reihe der Giebelhäuser seinen unverwechselbaren Charakter. Das Foto von 1869 zeigt das Haus von Nommen. F. Nommensen.

chen und Frauen tragen die Tracht der Insel. Es scheint Sonntag zu sein, denn weiße Schürzen sind angelegt. Wyker Männer sind offenbar nicht auf dem Sandwall anzutreffen. Die Gäste aber lustwandeln in voller Garderobe ihrer auf Repräsentation bedachten Zeit umher. Schirm und Stock gehören ebenso dazu wie Bratenrock und Krinoline. Der Strand fällt sanft ab. Auf dem stillen Wattenmeer aber treiben zwei Schiffe unter Segel. Das vor Wyk so zahme Meer durfte auf dem Bild nicht fehlen. Aber Dramatik war auf einem Insel-Bild noch nicht gefragt.

Ein Requisit der ersten Wyker Bad-Jahre fehlt, der Pavillon. Er war ein beliebter Treffpunkt. In alten Beschreibungen wird er als „achteckiges Lusthaus" mit spitzem Dach und einem Fassungsvermögen von zwanzig Personen beschrieben. Was man in der Romantik unter „Lusthaus" zu verstehen hatte, verdeutlicht das folgende Zitat aus der Chronik: „Hier versammelte sich häufig ein fröhlicher Zirkel bei den Damen, wo ernstere Unterhaltung, fröhlicher jugendlicher Scherz, Musik und Gesang dem Tee erst ambrosische Würze verliehen."

Die baulichen Erweiterungen, die noch bescheidene, aber doch stetige Gästefrequenz und ein freudiges Ereignis in der Familie des Königs gab den Fleckensvertretern den Mut, 1824 um die Erlaubnis zu bitten, das Seebad auf Föhr unter das Patronat Ihrer Königlichen Hoheit, der Prinzessin Wilhelmine, zu stellen. ‚Wilhelminen-Seebad auf Föhr an der Westsee' hieß die Wyker Einrichtung hinfort. Wilhelmine Marie, Prinzessin zu Dänemark, war die Tochter König Frederiks VI. Sie lebte von 1808 bis 1891. Den Namen zu genehmigen, kostete den Landesherrn nichts. Daß er aber Geld für eine Baumschule auf Föhr stiftete und in den schlechten Jahren des Bades um 1830/32 das Defizit aufzufangen half, zeigte schon eher die Hilfsbereitschaft und Sympathie des Hofes für das junge Nordseebad.

Der Sandwall mit seinen prächtigen Laubbäumen war also letztlich das Ergebnis königlicher Gunst und steten Fleißes der Insulaner. Tausende von Tagestouristen und Kurgästen gehen heute an einem Sommertag diese Allee entlang. Am schönsten ist es dort am frischen Morgen, wenn die Sonne hinter den Halligen aufgeht. Auch Abende im Vollmondglanz haben zu allen Zeiten am Wyker Strand Menschen ins Schwärmen gebracht. Mit Sorge beobachten die Wyker und viele Wyk-Freunde seit einiger Zeit, daß die böse Ulmenkrankheit gar keinen Respekt vor so langer Tradition hat, sondern trotz des Einsatzes von Baumchirurgen und anderer Rettungsversuche viele Sandwallbäume schon zur Strecke gebracht hat.

Als die Badekarren rollten . . .

Der Engländer Benjamin Beale hatte Mitte des 18. Jahrhunderts ein Gefährt erfunden, das er „bathing machine“ nannte. Es war eine Art hölzerne Umkleidekabine auf Rädern als Transportmittel vom Ufer ins flache Wasser. Anders als diese für mehrere Personen bestimmte „Bademaschine“ waren die in Deutschland sonst üblichen Badekarren nur für eine Person nebst Personal vorgesehen. In Wyk dagegen rollten diese Karren das badelustige Publikum sogar auf vier Rädern ins kühle Naß. Rund hundert Jahre waren sie auf Föhr im Gebrauch.

Bei der Bad-Gründung 1819 hielt man den wenigen angereisten Herrschaften drei Badekarren zur Verfügung. Auf einer alten Postkarte aus der „Endzeit“ dieser heute belächelten Art zu baden, also der Zeit um den Ersten Weltkrieg, sieht man noch lange Reihen der gleichförmigen Karren beim „Schloß am Meer“ am Südstrand im Herrenbad in Bereitschaft, und auch das Damenbad sowie das Familienbad waren wohl entsprechend ausgestattet. Wegen der starken Strömung, aber auch wegen der wachsenden Gästezahl verlegte man bald nach der Gründung den Platz für die kalten Bäder vom Wyker Strand (nahe dem Warmbadehaus) an den weitläufigen Südstrand, wo an getrennten Abschnitten Damen- und Herrenbad eingerichtet wurden, zwischen denen in einem Pavillon Erfrischungen eingenommen werden konnten.

Die Badesitten an der See im Wandel der Zeiten zu betrachten ist überaus reizvoll. Da in fast allen Föhr-Büchern diesem interessanten Thema gebührender Platz eingeräumt wird, möchten wir uns hier auf eine kürzere Schilderung und einige wenige zeitgenössische Zitate beschränken. Übrigens: am besten betrachtet man dieses Kapitel der Kulturgeschichte mit einem Lächeln – zumal im Zeitalter des Nacktbadens an zahllosen FKK-Stränden – vielleicht auch mit Kopfschütteln ob so viel Umständlichkeit, Prüderie, amtlicher Sittenwächterei und moralischer Ereiferung, von denen anno dazumal das Baden in der freien See begleitet war. Welch ein Wandel von der vermummten Badedame und den nicht minder komplett bekleideten Herren, die vom Karren aus ein paarmal zaghaft ins

Erfrischendes Seebad vom Badekarren aus – und der Bademeister zu Pferde ist behilflich.

Der Badeplatz wurde bereits 1820 wegen der Strömung vor Wyk weit nach Süden verlegt. Als man dort zwischen Damen- und Herrenbad 1902 das Familienbad eröffnete, wirkte dies wie eine Sensation.

kühle, salzige Naß „dükerten", bis zum entschlossenen Wegwerfen der letzten spärlichen Bade-Textilien heute an den Nacktbadestränden und dem Sprung in die Fluten „ganz ohne"! Doch wie war es damals?

„Nu man to!" rief zu Zeiten der Badekarren der Fuhrknecht. Von einem Pferd gezogen oder von Menschenhand geschoben, rollte die seltsame Kabine ein paar Meter ins Wasser. Ein Vorhang fiel herab, ein Zeltdach schützte vor neugierigen Blicken, auf einer Treppe stieg man ins Meer, tauchte kurz zwei-, dreimal ein und schlüpfte alsbald in die Karre zurück. Ein Fähnchen signalisierte dem Wärter, daß er den Karren an Land ziehen möge. Es ist natürlich ein Scherz, daß für das Damenbad alte Männer als Kutscher prädestiniert waren, halbblinde womöglich . . . Zofe oder Diener halfen beim Ankleiden und rubbelten den Körper des oder der Mutigen gehörig warm.

Bei dem bereits genannten Vorkämpfer für die Einrichtung deutscher Seebäder, Georg Christoph Lichtenberg, liest sich die Beschreibung eines Seebades vom Karren aus u. a. so: „Während der Fuhrmann nach der See fährt, kleidet man sich aus. An Ort und Stelle . . . läßt er das Zelt nieder. Wenn also der ausgekleidete Badegast alsdann die hintere Thür öffnet, so findet er ein sehr schönes dichtes, leinenes Zelt, dessen Boden die See ist, in welche die Treppe führt. Man faßt mit beyden Händen das Seil und steigt hinab. Wer untertauchen will, hält den Strick fest und fällt auf ein Knie, wie die Soldaten beym Feuern im ersten Gliede, steigt alsdann wieder herauf, kleidet sich bei Rückreise wieder an usw."

Für Wyk ist der Kammerherr von Warnstedt unser bester Gewährsmann: „Der Karren ist ein kleines Zimmer mit gewölbtem Dach, 6–7 Fuß hoch, das ganze mit gemalter Leinwand überzogen. Hier findet der Badende eine Bank, einen festen kleinen Tisch, Spiegel, Haken, um seine Kleider aufzuhängen, und eine wollene Fußdecke. Wer seinen eigenen Bedienten mithat, wird sich wohl dabei befinden, einen flanellenen Bademantel oder ein gewöhnliches Bettlaken mit in die Karre zu nehmen, um es sich gleich, nachdem er aus dem Wasser gekommen, umschlagen zu lassen, wodurch man gar sehr vor Erkältungen geschützt wird. Auch Bürsten zum Abreiben des Körpers, wenn man sich abgetrocknet, sind höchst wohltätig und nützlich."

Auch für die große Sorgfalt, die dafür aufgewandt wurde, daß die ganze Prozedur im Verborgenen und wohlanständig ablief, gibt Warnstedt 1824 mit dem Blick auf das Wyker Bad einen Kommentar: „Es sey bei dieser Gelegenheit für diejenigen, die früher kein Seebad besuchten, zu bemerken, daß in der Wirklichkeit und bei einem vereinigten Badeplatz selbst für die sorgsamste Anständigkeit keine Gefahr droht, namentlich durch Vermittlung der am Karren angebrachten Schirme."

Den Vorteil der getrennten Bäder sieht er in der Möglichkeit, den Schirm hochzuziehen und sich um so freier dem Wellenschlag und der frischen Luft auszusetzen.

Es waren nicht nur praktische Erwägungen, sondern auch ein geschickter Hinweis auf die Tradition des Bades, als die Stadt Wyk um 1985, also etwa 60 Jahre nach dem Verschwinden der Badekarren, wieder mehrere der weiß gestrichenen, vierrädrigen Gefährte anfertigen und sie am Fähranleger als Infozentrum und am Strand als „Standquartiere" der Strandwärter aufstellen ließ. Dort stehen sie nun, vielbestaunt und mit einem Hinweisschild so pfannkuchenrund wie die Insel Föhr. Kaum zu glauben, daß sie einmal das Bild des sommerlichen Strandlebens bestimmten und das Thema „hochgelehrter" Beschreibungen für das zaghafte Badevölkchen von einst waren.

„Nu man to!" riefen die Badefreudigen anno dazumal dem Hilfspersonal zu,
und dann fuhr man, geschützt vor neugierigen Blicken,
ein paar Meter ins Meer hinaus zum „kalten Seebad".

Ratschläge zum Baden im Meer – nur zum Schmunzeln?

Die Ratschläge von Ärzten und Laien zum richtigen Verhalten beim kalten Seebad, wie sie im 19. Jahrhundert gegeben wurden, erscheinen uns heute größtenteils geradezu grotesk. Da forderte die übervorsichtige Badeverwaltung von Wyk, das Baden „nach durchzechten und durchschwärmten Nächten" besser ganz zu unterlassen. Auf der Nachbarinsel Sylt riet 1877 ein Dr. Marcus, „vor dem Bade das erste Frühstück etwas substantieller einzunehmen und dabei 1 Glas Cognac oder Sherry zu genießen, um das Herz genügend vorzubereiten". Sensible sollten erst nach dem Frühstück baden und täten gut daran, „zuvor am Strande zu promenieren".

Friedrich Oetker war der Verfasser des Buches „Helgoland" (1855) und stellte einige Forderungen auf, die wie Sentenzen klingen und das Praktische mit dem Psychologischen zu verbinden scheinen. Zum Beispiel: „Sei langsam zum Zorn und langsam zum Badeplatz, aber rasch beim Eintauchen!" Oder: „Laß nicht den Mantel im Stich, sondern nimm ihn mit auf die Düne; denn die Launen des Wetters und der Weiber sind unergründlich." Ferner: „Laß Dich nicht zu sehr gelüsten! Habe Genüge am ersten Schock und der ersten Glühhitze; denn sonst kommt Heulen und Zähneklappern."

Die Forderung nach unbekleidetem Baden ist so alt wie der Badekarren. Dr. A. Jenner vertrat schon um 1850 das Nacktbaden, freilich hinter dem schützenden Schirm der Karre. Er schrieb: „Unter allen Umständen bade man ohne Kleider. Denn nicht nur hindern diese, auch wenn sie noch so dünn sind, die Wirkung des Wellenschlages, sondern sie vereiteln sehr leicht den Erfolg des ganzen Bades dadurch, daß sie den durch den Wellenschlag erwärmten Körper durch das Anschlagen der nassen Kleidung wieder durchkälten."

Obwohl Föhr mit seinen zwei FKK-Stränden bei Nieblum-Goting und in Wyk am Heidewäldchen heute viel weniger Platz für die Anhänger der Freikörperkultur zur Verfügung hat als Amrum mit seinem weiten Kniepsand und Sylt mit einer ganzen Kette ausgewiesener Nacktbadestrände zwischen Hörnum und List, kommt eine sehr frühe ärztliche Forderung für das unbekleidete Baden aus Wyk. 1848, als weder die Sylter noch die Amrumer Bäder gegründet waren, schrieb Dr. G. Penike in seinen „Notizen von der Insel Föhr und ihr Seebad" bereits: „Ganze oder theilweise Bedeckungen des Körpers im Wasser durch Schwimmhosen oder Bademäntel sind gänzlich zu vermeiden, und auch die gebräuchlichen Badekappen nur in einzelnen Fällen zu gestatten. Für die günstige Wirkung des Bades ist die unmittelbarste Berührung des Wassers mit dem Körper durchaus erforderlich, und wenn überhaupt Bestandteile des Seewassers in die Haut eindringen können, ist dies gewiß nur bei unbedecktem Körper möglich."

Das überaus weite und aus heutiger Sicht groteske Feld der damaligen Badebekleidung und -mode soll hier nur stichwortartig umrissen werden. Für die Damen gab es: Umhänge im Pelerinenschnitt, dreiteilige Complets, Dreiviertelhosen, Schwimmkleider mit gerüschter Haube, Wachstuchhauben, fußlange Röcke mit Schoßbluse und vieles mehr, was Modeschöpfer ersannen und sittenstrenge Behörden verlangten. Noch 1932, als sich die lockeren und knapperen Tricotanzüge durchgesetzt hatten, forderte eine Polizeiverordnung vom Badeanzug der Damen, „. . . daß dieser Brust und Leib an der Vorderseite des Oberköpers vollständig bedeckt, unter den Armen fest anliegt, sowie mit angeschnittenen Beinen und einem Zwickel versehen ist".

Auch für die Herren der Schöpfung gab es „genügend Textil": Badehosen, meist gestreift, im Schnitt den Unterbeinkleidern

Dieses Postkartenfoto von 1900 beweist,
daß auch zur Zeit strenger Bekleidungsvorschriften
schon mal gewagt wurde, sich „sexy“ zu zeigen.

entsprechend, Schwimm-Tricots und Badeanzüge, deren einen Träger man gern lässig löste und so etwas mehr Schulter zeigte. Der viel belachte „Zwickel-Erlaß“ von 1932 forderte auch für die Badehose des Mannes, daß sie „angeschnittene Beine“ haben und „mit einem Zwickel versehen“ sein mußte.

Zwei zeitlos nützliche Ratschläge, die den Vorzug der Kürze haben, sollen unsere kleine Zitatensammlung beschließen. Samuel Vogel formulierte schon 1817 in seinen „Baderegeln“ eine bis heute geltende Grundregel so: „Im Bade hält man sich immer in einiger Bewegung durch Untertauchen, Rührung der Arme usw. Nach dem Bade setzt man sich abermahls in Bewegung durch Gehen, Reiten. In gänzliche Ruhe muß man sich nie gleich nach dem Bade begeben.“ Und der Arzt Christoph Wilhelm Hufeland (1762–1836) leistete mit dem Satz „Die beste Sicherung gegen Erkältung ist die Gewöhnung an Kälte“ einen frühen Beitrag zur sogenannten „Frigidotherapie“, von der die Meeresheilkunde heute spricht.

Zum Abschluß unseres kleinen Ausflugs in die einst so großen Probleme beim richtigen kalten Seebad sei eine originelle Begebenheit erzählt, die sich 1877 wirklich in Wyk zugetragen hat. An ihr sind zwar keine „Medizinmänner“ und Reiseschriftsteller, wohl aber eine gestrenge Ortspolizeibehörde beteiligt. Die Wyker Kinder badeten „an de Flunk“, einem Strandabschnitt nahe am Hafen. Natürlich so, wie der Herrgott sie erschaffen hatte, Jungs und Deerns gemeinsam. Da beschwerte sich jemand wegen der Sittlichkeit, „. . . daß nackte Knaben und Mädchen wie Indianer am Strande beieinander sich aufhalten“. Daraufhin lautete die Verordnung, daß nur die Knaben an der Flunk baden durften und daß „das Baden von Mädchen im Freien am Wyker Strande gänzlich untersagt“ sei. – Wo blieb da die Gleichberechtigung, fragt sich der Zeitgenosse von heute . . .

Der König brachte Glanz und Geld

Im Carl-Haeberlin-Friesenmuseum in Wyk ist ein großes, farbiges Bild des Flensburger Zeichners und Malers Sievert Steenbock aus dem Jahre 1844 ausgestellt. Es zeigt die Ankunft des Königs Christian VIII. in Wyk. Im Stil der Zeit ist auf die Farblithographie eine kennzeichnende Textzeile geschrieben: „Sei willkommen uns, Innigstersehnter, Treue begrüßt Dich und Liebe!"

Ersehnt war König Christian VIII. von Dänemark zweifellos im Seebad und Flecken Wyk, denn die Badeanstalt hatte noch 1840 neue Schulden machen müssen, und die Gästezahl bewegte sich bis dahin höchstens im Bereich der dreistelligen Zahlen. Mit dem König, der Königin, dem Hofstaat und dem für mehrere Wochen nach Wyk verlegten Regierungsapparat kamen Glanz und Geld auf die Insel. Sechs Jahre hintereinander beehrte der Monarch das Bad mit seinem Besuch. So viele Gäste wie 1847, nämlich über 1060 Personen, waren noch nie in Wyk gewesen. Wo der König badete und promenierte, da mußte es gut sein.

Fünf Wochen im August/September war die übliche Dauer eines Sommeraufenthalts der Majestäten aus Kopenhagen. Am 29. Juli 1842 trafen König Christian VIII. und Königin Caroline Amalie zum erstenmal hier ein. Noch waren es die friedlichen Zeiten des

„Die königliche Familie um 1843 im Schloßgarten zu Sorgenfrei".
Eine Lithographie von Johann Friedrich Fritz.
1. von links: Christian VIII., 3. von links: Caroline Amalie.

Gesamtstaates, der Dänen und Deutsche verträglich umfaßte. Der König bezog das Haus Ecke Sandwall/Hauptstraße, das später „Königshaus“ genannt wurde. Die kurze Straße in Strandnähe heißt noch heute Königstraße. Der im ehemals Nommensenschen Hause 1844 eingerichtete Salon war prachtvoll und eine Zierde des Ortes. Der Küchenmeister, der Silberbewahrer, die beiden Jäger und die sechs Lakaien waren in der Nähe untergebracht. Das höfische Gefolge, etwa 80 Personen, nahm Wohnung in der Nähe des Königshauses. Der Flecken schenkte König Christian ein größeres Areal am Sandwall. Dort wollte der Monarch ein Schloß bauen. Dazu kam es jedoch nicht.

Wirklichkeit aber wurde eine andere herrliche Anlage: der „Königsgarten“. Gleich 1843 kaufte die Königin in der Nähe des Hafens ein Gelände, in dem im folgenden Jahr ein Park angelegt wurde; Rosen, Georginen und Levkojen entfalteten ihre Pracht. Die Königin bewirtete dort gern Kinder. Der Königsgarten lag etwa dort, wo man in der Nachkriegszeit das „Industriegelände“ und die Umgehungsstraße mit dem Deich und Katastrophenweg schuf.

Der König ließ es sich gut gehen in Wyk, und mit ihm die Familie und die Höflinge. Der Keitumer Austernpächter Bleicken lieferte z. B. 1843 25000 Stück Austern nach Wyk. In einem Schreiben vom Juli 1846 forderte das Hofmarschallamt den Landvogt auf, er möge „zur Zeit unserer Ankunft gütigst wie in früheren Jahren einen Vorrat an Hummern und womöglich Steinbutten in Fässern anschaffen lassen, auch Schlächter, Bäcker usw. benachrichtigen, um das gewöhnlich Erforderliche liefern zu können“.

Die Verkehrsverbindungen besserten sich für die Dauer der königlichen Aufenthalte in den Jahren 1842 bis 1847 erheblich. Gab es gewöhnlich nur zweimal wöchentlich eine Verbindung nach Dagebüll mit dem Segelschiff, so lag jetzt ein Dampfschiff stets unter Dampf. Auch ging die Post zweimal täglich, und zahlreiche Staffetten waren eingesetzt.

Ausflugsfahrten führten die Kopenhagener Gäste nach Amrum zum Kaninchenschießen, zur Hallig Oland, wovon der dänische Dichter Hans Christian Andersen, der 1844 als Gast der königlichen Familie in Wyk weilte, eine lebendige Schilderung gegeben hat. Man fuhr auch mit der Kutsche über die Insel oder zum Gottesdienst ins nahe Boldixum. Der Besuch Andersens gehörte für Wyk zweifellos zu den Höhepunkten der glücklich gerahmten „Königszeit“. Am Hause Große Straße 16, wo Andersen wohnte, erinnert eine geschmackvolle Tafel an den zehntägigen Föhr-Besuch des Dichters.

Der König kam als Bürger. Das zeigte sich in Leutseligkeit und Großzügigkeit. Bei seiner Ankunft bildeten Föhrer Mädchen in ihrer kostbaren Friesentracht Spalier. Am Abend der Ankunft gab es auf Königs Kosten in einem am Hafen aufgeschlagenen Zelt ein Tanzvergnügen, wo der König mit den Mädchen tanzte. – Von einem Abschieds-Tag sind königliche Worte überliefert, die ganz natürlich und menschlich wirken – so wie im September viele Insulaner und Gäste sagen und denken: „Ach, daß die schönen Tage vorbei sind!“

Auf der An- und Heimreise besuchte der König unterwegs manche Stadt und manches Dorf in seinem Königreich, das immerhin noch von Skagen bis Altona, vom Sund zur Westsee reichte. – In die Ruhe und Harmonie der Wyker „Königszeit“ wirkten noch keine nationalen Gegensätze hinein, obwohl erste Anzeichen des erwachenden Nationalgefühls wie fernes Donnergrollen aufhorchen ließen. Am 8. Juli 1846, kurz vor seiner fünften Föhr-Reise, hatte Christian VIII. in seinem bekannten „offenen Brief“ bekräftigt, daß auch Schleswig in der Erbfolge dem dänischen Königsgesetz unterliege. Das hatte Entrüstung in den deutschen Territorien und auch in den Herzogtümern ausgelöst.

Als der Dänenkönig, der Wyk zu seiner glücklichen „Königszeit“ verhalf, am 2. Januar 1848 starb, führten die nationalen Gegensätze landesweit zum offenen, kriegerischen Konflikt, in den auch Föhr hineingezogen wurde. Schleswig-holsteinische Kanonenboote beschossen 1849 den Flecken. Eine Kanonenkugel steckt noch gegenwärtig als Dokument der Erinnerung in der Mauer des Zollamts. Bei Lüttmarsch und am Galgenberg wurde 1850 geschanzt. Unter diesen Umständen war ein geregelter Badebetrieb unmöglich. Das verschuldete Wilhelminenbad steckte in der Krise und mußte 1851 verkauft werden. Auch das Königshaus und der Königsgarten wechselten den Besitzer.

Nach dem Ende des Krieges, der Niederlage der Schleswig-Holsteiner, im Londoner Protokoll 1852 besiegelt, hob sich der Besuch des Bades allmählich wieder. 1855 kamen circa 1400 Fremde! Eine so idyllische, glücklich und glänzend gerahmte Episode der Ortsgeschichte wie die Jahre 1842 bis 1847 hat Wyk aber als Bad wohl kaum wieder erlebt.

Der Glockenturm und die ihn umgebenden Giebelhäuser bilden ein Stück Alt-Wyk von besonderem Charme. Der gleichsam tropfende Glockenschlag von dem über hundertjährigen Backsteinturm hat in unserer technischen, hektischen Zeit viel Beruhigendes, ja, fast etwas Rührendes.

Einheimische Bürgerschaft, Stadtvertretung und Bauamt sind sich in Wyk im allgemeinen einig darüber, daß das Stadtbild des Kurortes es erfordert, mit der alten Bausubstanz schonend und sensilber umzugehen.

Drei Beispiele von alten Wyker Häusern für gelungene Bewahrung des harmonischen äußeren Bildes bei gleichzeitiger Modernisierung im Hausinnern: Villa Dora am Sandwall, Haus Friedericia in der Feldstraße und der markante „Turmbau“ beim Olhörnstrand.

Die schiefergedeckte Galerie-Holländermühle nahe den Tennisplätzen ist 1879 nach dem Brand ihrer reetgedeckten Vorgängerin auf dem gleichen Hügel errichtet worden. Sein jetziger Besitzer hat sie „Venti Amica“ („Freundin des Windes“) genannt und einen Erinnerungsstein für die einstige Müllersfrau, die Föhrer Heimatdichterin Stine Andresen, errichtet.

Ruhiger Winkel zwischen den verkehrsreichen Straßen Rebbelstieg und Badestraße ist Wyks „Museumsinsel". Das Alkersumer Haus Olesen von 1617 ist als „Altföhringer Haus" in der ursprünglichen Form wieder aufgebaut.

Die Föhrer Festtracht der Frauen und Mädchen ist schön und kostbar. Sie wirkt besonders durch den reichen Silberschmuck, den reich bestickten Kopfschmuck und die weißen Schürzen über dem knöchellangen Rock. Wenn eine der Föhrer Trachtengruppen ihre Volkstänze vorführt – sei es bei Straßenfesten oder beim Heimatabend – dann fehlt es nie an aufmerksamen Zuschauern.

Ein Foto von historischem Wert, denn die größte freistehende Ulme, die auf diesem Foto noch ihre Äste über den Weg zum „Kleinen Kulturzentrum“ reckt, mußte im Sommer 1993 wegen der Ulmenkrankheit leider gefällt werden.

Nach Bränden und Kriegen: neuer Aufschwung

Der 7. Mai 1857 war für Wyk ein wahrer Schreckenstag. Abends um 6 Uhr brach auf dem Boden des „Königshauses" durch Unvorsichtigkeit eines Arbeiters ein Feuer aus, das in sechs bis acht Stunden die Hälfte des Fleckens in ein Flammenmeer verwandelte. Rund 100 Gebäude, darunter 96 Wohnhäuser, brannten nieder; 447 Bewohner wurden obdachlos. Die „Badezeit" war verständlicherweise bescheiden. Viele Gäste wanderten nach Sylt ins neu gegründete Westerland ab. Es war wohl auch der Gästerückgang, der Georg Weigelt, den Besitzer der Badeanstalt seit 1856, veranlaßte, diese wichtige Einrichtung 1861 an eine Kopenhagener Gesellschaft zu verkaufen.

Auch der Besuch des dänischen Königs Friedrich VII. und Gemahlin Gräfin Danner 1860 brachte keine Belebung des Bades. Es folgten kriegerische Zeiten. 1864 endete mit dem Sieg der deutschen Großmächte Preußen und Österreich gegen Dänemark die jahrhundertelange dänische Verwaltung. Es war am 18. Juli, kurz nach dem Gründungstag des Bades, als die Österreicher auf Föhr landeten.

Zwölf Jahre später, nämlich 1869, wollte Wyk das 50jährige Bad-Jubiläum in Anwesenheit des Gründers v. Colditz feiern – da brach in der Nacht vom 7. zum 8. Juli erneut eine große Feuersbrunst aus, wiederum in einem Handwerksbetrieb. 46 Häuser wurden eingeäschert. Anstatt zu feiern, packten alle Bürger beim Wiederaufbau an. Einige der bisher winkligen und engen Gassen und Gänge wurde bei der Gelegenheit begradigt und verbreitert.

Während man vom Preußisch-Österreichischen Krieg 1866 offenbar wenig merkte (Wyk hatte 1000 Gäste), reisten im Sommer 1870 beim Beginn des Deutsch-Französischen Krieges viele Gäste sofort wieder ab. Im ersten Friedensjahr aber, 1872, waren wieder viele Gäste in Wyk, u. a. die Kinder der kronprinzlichen Familie aus Potsdam. Von jetzt an hatte Wyk Anteil am wirtschaftlichen Aufschwung des Deutschen Reiches in den folgenden 42 Friedensjahren.

Von Prinzen und Prinzessinnen aus Berlin und von einem „König" aus Wien soll – als Beispiel für die zahlreiche Prominenz, die in diesen vier Jahrzehnten am Föhrer Strand Erholung suchte – im folgenden etwas ausführlicher erzählt werden.

Kronprinz Friedrich Wilhelm von Preußen, der spätere Kaiser Friedrich III., und seine Gemahlin Kronprinzessin Viktoria, die älteste Tochter der Queen Viktoria von Großbritannien, kamen mit der ganzen Kinderschar am 29. Juli 1873 mit der gecharterten „Pellworm" von Husum aus in Wyk an. Es war für 51 Personen Quartier und für 8 Pferde Stallplatz beschafft worden. Sieben Kinder sollten sich mit den Eltern an der Nordsee erholen: Prinz Wilhelm, 14 Jahre alt, der spätere Kaiser Wilhelm II., die Tochter Charlotte (13), Prinz Heinrich, der am 14. August in Wyk seinen 11. Geburtstag feierte, die siebenjährige Viktoria, der kleine Waldemar (5) und die dreijährige Sofie. Das jüngste Kind Margarete war erst ein Jahr alt.

Viele Ausfahrten führten das kronprinzliche Paar nach Nieblum, denn im Hause von Prof. C. C. Magnussen nahm Kronprinzessin Viktoria Unterricht im Zeichnen und Malen. Der Aviso „Grille" lag im Wyker Hafen. Mit diesem Schiff fuhr der Kronprinz zwischenzeitlich zu einem Staatsbesuch nach Schweden. Auf der Rückreise war er von der dänischen Königsfamilie nach Schloß Fredensborg eingeladen worden. Am 29. August 1873 endeten die Ferientage auf Föhr. Ein Tagebuch des Kronprinzen gibt sachliche Informationen; mehrere Anekdoten werden in Wyk von den Prinzenbesuchen 1865, 1872 und 1873 erzählt, z. T. sogar bei der Stadtführung . . .

Als Friedrich Wilhelm mit der kurzen

Pfeife auf dem Sandwall promenierte, traf er den „Klingelmann“, Polizeidiener Riekenberg. „Schollen am Hafen?“ fragte der Kronprinz. „Nee, Wittkohl!“ antwortete Riekenberg. – Die beiden Prinzen Wilhelm und Heinrich durften mit Wyker Jungs spielen. Der bekannte (nicht unumstrittene) Prinzenerzieher Dr. Hinzpeter und der Kronprinz sollen dabei gewesen sein, als der zum Streiten neigende Prinz Wilhelm einmal von einem Wyker Jungen verprügelt wurde.

Lene Hansen besaß schöne alte Schränke, die der Kronprinz begucken wollte. Beim Abschied streckte sie ihm die Hand trinkgeldheischend entgegen. „Liebe Frau Hansen, ich habe leider kein Geld bei mir, aber der Haushofmeister wird alles gleich regeln. Ich bin der Kronprinz.“ Tante Lene traute dem nicht und schloß kurzerhand die Tür und sagte: „Dat kann jedereen seggen. Denn töft Se man, bit de Hofmester kümmt!“

Nach der Eintragung im Gästebuch (Fremdenbuch) des Badedirektors Weigelt weilten 1887 die Prinzessin Auguste Viktoria, die Gemahlin des Prinzen Wilhelm und spätere deutsche Kaiserin, mit den drei ältesten Prinzen Wilhelm, Eitel Friedrich und Adalbert sowie ihrer Schwester Feodora in Wyk. So waren es zwischen 1865 und 1887 Hohenzollernprinzen und -prinzessinnen dreier Generationen, die in gewisser Weise die Tradition der dänischen Königsbesuche wieder aufnahmen.

Eine „Majestät“ ganz anderer Art war der Wiener Walzerkönig Johann Strauß (Sohn). Er wählte 1878 Wyk auf Föhr zum Ziel seiner Hochzeitsreise, nachdem er am 28. Mai nur sieben Wochen nach dem Tode seiner ersten Frau in der Karlskirche in Wien mit der jungen Angelika Dittrich aus Breslau getraut worden war. So könnte die Hochzeitsreise von „Schany und Lilly“ nach Wyk eine Flucht gewesen sein vor den Klatschmäulern und Karikaturisten, aber auch vor einem aufbrechenden Erbstreit. Im Hause Sandwall 38 bei Witwe Petersen bewohnte das jungvermählte Paar zwei Parterrezimmer. Im folgenden Jahr 1879 besuchte das Ehepaar Strauß wiederum unser Nordseebad. Johann Strauß schrieb hier den Walzer „Nordseebilder“. Er ließ sich inspirieren von dem sanften Wellenschlag auf das Föhrer Ufer und von dem idyllischen, baumbestandenen Sandwall und dem Blick zu den Halligen. Der Walzer setzte sich nur langsam durch. Uraufgeführt wurde er am 15. November 1879 im Musikvereinssaal in Wien.

Obwohl kein Freund von Segelpartien, ließ sich Johann Strauß mit anderen Kurgästen zu einem Ausflug nach Dagebüll überreden. Die „Taube“ von Lorenz Hinrichsen stach in See. Auf der Rückfahrt briste es aus Südwest auf, und mancher Spritzer ging über Bord. Dem ängstlichen Binnenländer wurde die Zeit viel zu lang. Hier erlebte er ein anderes „Nordseebild“! Am anderen Tag traf er den Initiator dieser Seefahrt und sagte kategorisch: „I fohr nimmer wieder mit Eahnen!“

Dichter-„Fürsten“ waren es gerade nicht, die Wyk besuchten, aber doch so bekannte Literaten wie Hans Christian Andersen (1844), Theodor Fontane (1891), Christian Morgenstern (1895 und 1905) und Klaus Groth (zwischen 1880 und 1890 mehrfach). Helmut von Moltke, der preußische General, fand in Wyk 1827 Heilung von einem Herzleiden, und Rudolf Virchow, der Berliner Geheimrat und Pathologe, interessierte sich auf Föhr für die physische Anthropologie der Friesen.

Der Südstrand kommt ins Bild – mit ihm das Wattenlaufen

Christian Morgenstern, der Dichter der „Galgenlieder“ und des weniger bekannten Gedichtes „Zu Niblum will ich begraben sein, am Saum zwischen Marsch und Geest . . .“, hat 1905 in einem Brief etwas sehr Treffendes über den Südstrand von Wyk geschrieben: „Sie haben gewiß immer nur von dem langweiligen Wyk auf Föhr gehört; aber die Insel hat noch einen viel charaktervolleren Strand nach Süden, zu dem über die Watten ein Stück offene See hereinrollt.“ Um die Jahrhundertwende kommt der Südstrand ins Bild des Bade- und Ferienlebens.

Um die Osterzeit 1898 fuhren der Arzt Dr. Karl Gmelin und sein Schwager Dr. Otto Mensendieck nach Föhr, um hier Baugrund für den Neubau eines Sanatoriums zu suchen. Mit dem Blick des Naturkundigen und des Kaufmanns erkannte man schnell die Vorzüge des Südstrandes. Hier scheint die Sonne länger als am Wyker Oststrand, hier liegt die See offener vor dem breiten Strand, das Ufer ist vor dem kalten Nordwind geschützt, und der Wechsel von Ebbe und Flut bietet bald weites Sandwatt, bald freie, meist leicht bewegte See. Für die Boldixumer Bauern war der sandige Boden oder die windzerzauste Heidefläche nur minderwertiger Acker. So konnte Dr. Gmelin an einem Tag am Südstrand Land von der Größe fast des ganzen Fleckens Wyk kaufen – für 200 Mark je Demat, das sind pro Quadratmeter nur Pfennigbeträge.

Der Grundstein zum Nordsee-Sanatorium wurde am 6. August 1898 gelegt. Die Geburtsstunde des Südstrands hatte geschlagen. Der für damalige Verhältnisse gewaltige Bau wurde im Jugendstil nach Ideen des süddeutschen Architekten Endell von Föhrer Handwerkern rasch hochgezogen. Im Juli 1899

Süddeutscher Jugendstil inmitten der flachen Insellandschaft!
Dr. Gmelins Nordsee-Sanatorium war ein Gebäude-Ensemble,
das jahrzehntelang dem Südstrand das Gepräge gab.

Die Luftaufnahme vom Sanatoriums-Gelände verdeutlicht,
wie gut die Baumanpflanzungen
zum Windschutz herangewachsen sind.

zogen die ersten Gäste ein. Was ihnen zunächst im Haupthaus, dann auch in „Haus Tübingen", in „Villa Otto" und in den nordischen Blockhäusern geboten wurde, entnehmen wir auszugsweise dem Badeführer von Wyk aus dem Jahre 1911: „Freie, ruhige Lage, reine Luft bei jeder Windrichtung, unmittelbare Nähe des Badestrandes und Lembkehaines . . . Gelegenheit zu Motorbootfahrten, zum Segeln, Rudern, Wattlaufen und Krabbenfang. Vorzügliches Wasser. Elektrische Beleuchtung. Zentralheizung . . . Massage, Gymnastik, Orthopädie, naturgemäße Diät. Kur-Preise ‚voll' 21 Mk, ‚halb' 9 Mk wöchentlich, Zimmer 2,50 – 7 Mk täglich."

Dr. Gmelin ließ auf dem weiten Sanatoriumsgelände einen ausgedehnten Wald in Küstennähe als Windschutz anpflanzen. Hieraus entwickelte sich durch die Förderung weitsichtiger Kommunalpolitiker und die Spende, die der Flensburger Kaufmann Jakob H. Lembke dem „Heidekulturverein" für Anpflanzungen von rund 8 Hektar Nadelgehölz vermachte, jener Grünstreifen, der alle Teile des Südstrands durchzieht und die neue „Villenkolonie" im Süden auch bald mit dem alten Wyk verband. Das „grüne Wyk" bekam so die Voraussetzungen für Winterkuren und für die Erholung seiner jüngsten und älteren Gäste.

Als viele Föhrer noch meinten, so dicht an der Küste könnten keine Bäume wachsen, da bewies ihnen der schwäbische Doktor das Gegenteil. Auch das Wäldchen in Seenähe an der heutigen Reha-Klinik der BfA in Utersum geht zurück auf Dr. Gmelins erste Anpflanzungen.

Bewegte Zeiten, Kriege und Krisen, vor allem aber ein Wandel in der sozialen Struktur des Wyker Gästestammes hat zum „Aus" für das Nordsee-Sanatorium geführt. Die Gründung des Hauses jedoch war von weittragender Bedeutung. Der Ortsteil Südstrand wächst, hat viele Freunde und wird immer grüner. Die naturgemäße Behandlungsweise, wie Dr. Gmelin sie bevorzugte, förderte die Meeresheilkunde und in deren Gefolge den Bau vieler privater und sozialer Heilstätten und Kinderheime.

In den Jahren, als der Südstrand „entdeckt" wurde, war das Wattlaufen vor allem ein Vergnügen an heißen Sommertagen. Heute ist Wattwandern offenbar eine ganzjährig wirkende Leidenschaft, denn sogar bei Sturm und Regen, bei Kälte und Eisgang stapfen jung und alt in Gummistiefeln und im gelben „Friesennerz" hinaus an den Priel.

Drei Anziehungsmomente scheinen es zu sein, die das Watt ausübt: der gesundheitliche Wert, der Reiz des Sammelns und Beobachtens in der so ungewohnten unterseeischen Tier- und Pflanzenwelt und der Gesichtspunkt der Entspannung und Kommunikation. Mit bloßen Füßen durch den knöcheltiefen Meeresschlick zu stapfen oder über geriffelten festen Sand zu laufen ist gewiß gesund. Den Körper dem frischen Salzwind auszusetzen, ihn gewissermaßen in strömende Luft einhüllen zu lassen, gilt als Abhärtung und Therapie zugleich. Die reine Seeluft tief einzuatmen ist eine geradezu unwillkürliche Regung beim Wattenlaufen.

Viele Freunde des Wattwanderns wollen aber auch auf dem für nur wenige Stunden freigegebenen Meeresgrund etwas sammeln, beobachten, vielleicht sogar ein Erinnerungsstück für die Sammler-Ecke daheim mitnehmen. Was die köstlichste Gabe, den Bernstein betrifft, ist die Nordsee geizig geworden. Aber hübsch gefärbte Muscheln, Schneckengehäuse, Austernschalen, Eiblasen vom Rochen, Tang und Seemoos, seltener Seesterne und (leider kaum noch zu finden) die zierlichen Seeigelskelette erregen biologisches Interesse.

Wattenlaufen ist auch immer eine Sache der Kommunikation gewesen. Barfuß kommen sich die Menschen offenbar schneller näher als sonst. Geselligkeit entwickelt sich mit nackten Beinen und in kurzen Hosen besser. Anno 1900 schrieb ein Kurdirektor im „Watten-Seebad“ Büsum über das Wattlaufen: „Der zwanglose Verkehr erleichtert hier ohne lästigen Etikettenzwang die Annäherung der sonst einander fernstehenden Menschenkinder, ohne dabei in Laszivität auszuarten . . .“ In Büsum war es auch, wo die „Wattenpolonaise“ kreiert wurde.

In Wyk hat man in den zwanziger Jahren auf glatten Sandbänken zu den Klängen der Kurkapelle getanzt! In der Gegenwart bieten die Veranstaltungsprogramme Wattwanderungen unter naturkundlicher Führung, anschließend Mikroskopierstunden und für Reiterfreunde Ausritte ins Watt mit Ponys und Pferden.

Der meistbegangene Wattweg von Insel zu Insel ist der von Föhr nach Amrum. Sommertags laufen tausend Personen und mehr wöchentlich unter Führung eines geprüften Wattenführers diese etwa acht Kilometer lange Strecke zwischen Dunsum/Föhr und Amrum/Odde, die bekannte „Straße unter dem Meer“, die keine Wegweiser und keine Straßenwacht hat und immer wieder blitzblank gefegt wird – von Mutter Nordsee selbst.

Wattwandern gehört seit der „Entdeckung“ des Südstrands
um die Jahrhundertwende
zu den beliebtesten Urlaubsfreuden Föhrer Gäste.

Ein Jahrzehnt wie eine Wendemarke

1914 bis 1924 – was liegt an Ereignissen nicht alles zwischen diesen Jahrespolen! Im Leben des kleinen Gemeinwesens Wyk wie auch im Leben des einzelnen gab es sehr einschneidende Veränderungen. Ein Jahrzehnt als Zeitspanne großen Wandels, als Wendemarke auf dem Weg durch die Geschichte . . .

Im letzten Friedensjahr vor dem Ersten Weltkrieg, 1913, hatte Wyk erstmals die „Traumgrenze" von 10 000 Gästen überschritten. Das neue Kurhaus war fertiggestellt. Man war wohlhabender geworden in den über vierzig Jahren der Teilnahme am Wirtschaftsaufschwung des wilhelminischen Deutschen Reiches. Und man wollte es auch zeigen. Schon 1909 konnte die Stadt das Bade- und Kurhaus von der Witwe Weigelt für 145 000 Mark kaufen. Die Strandmauer wurde gebaut, und ein großes Gelände zwischen Badestrand, Reeperbahn (heute: Badestraße) und Rebbelstieg für 45 000 Mark von Boldixum gekauft.

Der Gästekreis, der sich vor 1914 eine „Sommerfrische" leisten konnte, war auf das Großbürgertum beschränkt: Adelige, Großgrundbesitzer, Industrielle, höhere Beamte, Offiziere, Geschäftsleute mit entsprechendem Konto und dann die lebensfrohen Junggesellen und vermögenden „lustigen Witwen" – oder einige der immerhin 30 000 Millionäre,

Ein Bild von der Wyker Kurpromenade aus den Friedensjahren vor 1914, als wohlhabende Familien mit eigenem Dienstpersonal den Kern des traditionellen Gästestammes bildeten.

Das von Kronprinzessin Viktoria
gegründete Seehospiz von 1883
ist die Keimzelle des „Kinderbades Wyk“ gewesen.

die man in Deutschland zählte. Wenn das Durchschnittseinkommen der deutschen Familie vor 1914 mit 100 Mark im Monat errechnet wurde – wie sollte diese Familie wohl die 1000 Mark aufbringen, die bei vorsichtiger Rechnung ein dreiwöchiger Aufenthalt für eine vierköpfige Familie mit Dienstmädchen in einem renommierten Familienbad wie Wyk kostete?

Mariechen Müller, Tochter eines Pensionsbesitzers am Sandwall, erinnerte sich als 91jährige an Gäste vor 1914 so: „Der gnädige Herr war der Neffe des Reichskanzlers v. Bethmann-Hollweg. Die gnädige Frau sollte sich in der mehrwöchigen Sommerfrische in Wyk von der Entbindung erholen. So war die dreiköpfige Familie begleitet von zwei Zofen für die Dame, einem Diener für den Herrn und einer Amme sowie einem Zimmermädchen für das Kleinstkind. Das ganze Haus mit seinen acht Zimmern war gemietet worden. Wir bekamen 2,50 Mark pro Bett mit Frühstück. Die zwei Hunde sollte ich als Mädchen versorgen. Dafür gab's pro Tag und Tier immerhin 50 Pfennig.“

Es wurde aber auch scharf gerechnet im Hause Müller, denn die Saison war kurz. Beim Abschied schenkten Müllers ihren Kurgastdamen kleine Blumensträuße. Mariechen mußte sie überreichen. Solche Gebinde kosteten eine Goldmark das Stück. Nun gibt es und gab es ja immer unangenehme Vertreterinnen der Spezies „Kurgast“: meckern, Geiz, Prahlerei mit den heimischen Reichtümern. Für solche Damen bekam Mariechen die Anweisung von ihrem sparsamen Vater: „De kriggt bloots en Strusch för fief Groschen!“

Es wäre aber nicht zutreffend, sich das Leben und Treiben im Nordseebad Wyk „sei-

Eine frühe Aufnahme von dem 1909 erbauten Kindererholungsheim „Schöneberg“, unmittelbar am Südstrand gelegen.
Das mehrfach erweiterte Haus ist einer der größten Arbeitgeber Föhrs.

nerzeit zur Kaiserzeit“ so vorzustellen, als ob es allein bestimmt worden wäre von den müßiggängerischen Herrschaften mit der dikken Brieftasche. Der soziale Charakterzug des Bades schon vor dem Ersten Weltkrieg wird anschaulich unterstrichen durch zwei große Häuser: das „Seehospiz“ von 1883 und das „Kindererholungsheim der Stadt Schöneberg“ von 1909.

Das „Seehospiz“ – einem heutigen Kindersanatorium entsprechend – ist eigentlich die Keimzelle des „Kinderbades Wyk“ gewesen. Der Marburger Professor M. W. Beneke regte nach englischem Vorbild die Gründung von vier Hospizen an Nord- und Ostsee für kranke Kinder unbemittelter Schichten an: Wyk, Norderney, Zoppot und Groß-Müritz waren die klimatisch günstigen Orte. Als erstes Haus war 1883 das Hospiz in Wyk fertig, das anfangs 80 Kinder aufnehmen konnte. Es ist immer wieder erweitert und modernisiert worden und steht gegenwärtig als „Hamburger Kurheim für Kinder und Jugendliche“ im Dienste der sozialen Meeresheilkunde und der modernen Erlebnispädagogik.

Das 1909 fertiggestellte „Kindererholungsheim der Stadt Schöneberg“ hatte 110 Betten und nahm vor allem Berliner Kinder auf, die an Knochentuberkulose und Skrofulose litten oder infolge erblicher Belastung oder sonstiger Schwächung durch Tuberkulose gefährdet waren. Bei der Einweihung des großzügig ausgestatteten Hauses betonten Festredner ausdrücklich, daß Kinder mit offener, anstekkender Tbc ausgeschlossen seien. Nach dem Rückgang der einstigen „Volkskrankheit Tuberkulose“ änderte sich der Patientenkreis. Gegenwärtig steht das Haus, dessen Träger der Deutsche Paritätische Wohlfahrtsverband ist, im Dienst der Psychiatrie und Behindertenbetreuung.

„Hamburger Kinderheim“ und „Schöneberg“ – wie die beiden großen Häuser am Sandwall und am Südstrand im Volksmund Wyks immer noch genannt werden – blieben nicht die einzigen Heime, die die soziale Seite des Nordseebades repräsentierten. Über 25 Kinderheime in privater oder öffentlicher Trägerschaft hat Wyk einmal gehabt. Zu einem treffenden Gesamteindruck des Bades gehören also seit über hundert Jahren auch die Kinder, die in fröhlichen Scharen zum Strand ziehen, dort spielen und buddeln oder schwatzend und singend zum windgeschützten Spielplatz im Wäldchen wandern. Hauptanliegen einer Nordseekur ist die Abhärtung. Strenge, ärztlich verordnete Liegekuren zu jeder Jahreszeit in frischer Seeluft gehörten in vielen Heimen ebenso dazu wie das Aufpäppeln der schwächlichen, blassen Kinder aus den großen Städten.

Die Schüsse von Sarajewo im Juni 1914 und der dadurch entzündete erste große Weltbrand veränderten auch das Leben in Wyk. Fluchtartig verließen im Juli/August viele Badegäste die Insel. Die Kriegsfreiwilligen und einberufenen Soldaten eilten „zu den Fahnen", wie man damals sagte. Wohl blieb der Kurort (im Gegensatz zum Zweiten Weltkrieg) für Gäste geöffnet, aber es waren vorwiegend Genesende, Schwächliche, Kinder, Unterernährte, die in den Zeiten des Mangels an der See ihre Gesundheit festigen durften. Das „lustige Badeleben" der Vorkriegszeit verbot sich eigentlich von selbst.

Welches Opfer die Föhrer Familien und damit die ganze Insel bringen mußten, vergegenwärtigt man sich am eindrucksvollsten an den Ehrenmalen der Kriegstoten auf den drei Friedhöfen Föhrs. 87 Soldaten aus Wyk fielen im Ersten Weltkrieg, wurden vermißt oder starben an den Folgen des Krieges.

Nach dem Kriege schwoll die Auswanderung nach den USA vorwiegend aus ökonomischen Gründen wieder stark an. Der Chronist Christian Jensen ermittelte für die Jahre 1922 bis 1924 für Föhr von 188 Konfirmanden 30 Auswanderer, das sind knapp 16 Prozent.

Für Wyk als Fremdenverkehrsort war die Verarmung der Menschen infolge der Inflation von großer Bedeutung. Die traditionelle Gästeschicht aus dem „Besitz-Bürgertum" konnte sich keine Sommerfrische an der See mehr leisten. Andererseits waren die ihrer Ersparnisse beraubten Vermieter um so mehr auf Geldeinnahmen angewiesen. Neue Gruppen von Gästen mußten gewonnen werden!

Das 100jährige Bad-Jubiläum 1919 wurde in dieser Notzeit noch würdig gefeiert. Die durch den Versailler Vertrag erzwungene Volksabstimmung über die Zugehörigkeit zu Deutschland oder Dänemark am 14. März 1920 trug die nationalpolitische Auseinandersetzung in manche Familie und einen hitzigen Nationalismus auf die in der 2. Zone liegende Insel Föhr. In Wyk wurden am Abend des Abstimmungstages 709 Stimmen für Deutschland und 112 Stimmen für Dänemark gezählt. Zwei Gedenktafeln am Wyker Wahrzeichen, dem Glockenturm, erinnern noch heute daran, wie die Wykerinnen und Wyker 1864 zu Deutschland kamen und wie sie – trotz notvoller Zeit – 1920 mehrheitlich bei Deutschland bleiben wollten.

Als im Herbst 1923 das Geld durch Einführung der Rentenmark stabilisiert wurde und ab etwa 1924 die junge deutsche Republik sich auch politisch festigte, hatte Wyk das Glück, einen überaus tüchtigen demokratischen Kommunalpolitiker als Bürgermeister zu haben: Dr. Kuno Meyer, als Lehrer des Pädagogiums nach Föhr gekommen, seit 1914 ehrenamtlicher Gemeindevorsteher in Boldixum und 1923 zum Bürgermeister in Wyk gewählt. Eine überaus weitsichtige Entscheidung war es, als 1924 die Vertretungen von Wyk und Boldixum den Zusammenschluß beschlossen. Das räumlich beengte Wyk bekam Ausdehnungsmöglichkeiten; das friesisch geprägte Dorf nahm verstärkt an der Entwicklung des Fremdenverkehrs teil. Man hat diesen Schritt, der die drei Orts-Teile Stadt Wyk, Wyk-Boldixum und Wyk-Südstrand schuf, als den Bau eines gemeinsamen Hauses für „Mutter und Tochter", für die alte Siedlung zu Füßen der St.-Nicolai-Kirche und die junge Hafen- und Seebadgründung, bezeichnet. Die Preußische Staatsregierung genehmigte den Eingemeindungsvertrag am 27. März 1924. Die Gemeindefläche Wyks verzwölffachte sich auf 765 Hektar.

Boldixum hat bis heute hin viel Dörfliches im Ortsbild bewahrt. Sehr lebendig ist auch die Dorfgemeinschaft, wie sie sich in der eigenen Feuerwehr-Löschgruppe, in Dorffesten, im Chor der „Spritzenhausschwalben", in der Nachbarschaftshilfe und bei der Jugendfeuerwehr zeigt.

Golfplatz, Flugplatz und andere gute Ansätze der zwanziger Jahre

In seinem 1924 erschienenen Roman „Der Zauberberg" schreibt Thomas Mann am Ende des zweiten Kapitels einen Satz, in dem sogar unsere Badestadt genannt wird. „Dr. Heidekind schalt, sooft er ihn sah, und forderte Luftveränderung, das heißt: eine gründliche. Mit Norderney oder Wyk auf Föhr, sagte er, sei es dieses Mal nicht getan, und wenn man ihn frage, so gehörte Hans Castorp, bevor er auf die Werft gehe, für ein paar Wochen ins Hochgebirge." Der junge Ingenieur wird also in den Schweizer Hochgebirgsort Davos geschickt. Der Dichter entwirft ein Seelen- und Gesellschaftsbild großen Stils rund um das Leben und Leiden der Tuberkulosekranken in einem Sanatorium.

Da hatten die Wyker also noch einmal Glück, daß ihr solides Nordseebad *nicht* als der Schauplatz des bewußten Sanatoriums gewählt wurde. Vielleicht wäre der Ort weltweit bekannt, aber dabei auch quasi gleichgesetzt worden mit Lungenleiden und Tuberkulose-Patienten.

Wyk bemühte sich in der kurzen „Blütezeit" der Weimarer Republik von 1924 bis 1929 nach Kräften, wenn auch mit bescheidenen Mitteln, seinen Ruf als Familien- und Kinderbad „aufzupolieren". Der Sport sollte das Erscheinungsbild des Bades nach außen hin stärker bestimmen. Schwimmen und Segeln waren die natürlichsten Sportangebote eines Seebades im Wattenmeer. Allenfalls für „Lawn-Tennis" und „Krokettspielen" hatte man vor dem Kriege den Gästen Platz angeboten. Jetzt kamen Golf- und Reitsport hinzu. Hier ist eines Mannes zu gedenken, den man auf Föhr meistens nur „Charly" nannte, des Ingenieurs und Kaufmanns Carl Mensendieck (1876–1963).

Ihm oblag die wirtschaftliche Leitung des Gmelin-Nordsee-Sanatoriums. Aus der Kriegsgefangenschaft, die er in England und im englischen Kolonialreich erlebte, brachte er die Liebe zum Golfsport mit. Überhaupt war er ein dem Sport sehr aufgeschlossener Mann: Reiter und Golfer vor allem. In der Nähe des Sanatoriums ließ er ab 1925 nach und nach den ersten Wyker Golfplatz anlegen, den Neun-Löcher-Platz zwischen Gmelin- und Strandstraße, Lerchenweg und Am Golfplatz. Bis zum Meer erstreckte sich der schön gelegene Golfplatz, und hier oben am Strand, im „zehnten Loch", wie man scherzhaft das Clublokal nannte, wurde so mancher Sieg „begossen". Viele Wyker Jungs und Deerns haben sich als „Caddy" (Träger der Golfschläger) etwas Geld verdient. – Mensendieck hat entscheidend dazu beigetragen, daß der Golfsport in Deutschland populärer wurde. Vor allem aber ist es sein Verdienst, daß das durch Krieg und Inflation schwer bedrückte Nordseebad Wyk neue Gäste gewann. Als nach dem Zweiten Weltkrieg der Ort wuchs und die den Platz durchziehenden Straßen immer belebter wurden, mußte man den Golfplatz aufgeben, und man ließ in der Nähe des Flugplatzes auf Nieblumer Gemarkung einen Platz anlegen, der 18 Löcher hat.

Mensendieck gehörte auch zu den Gründern des Wyker Reitervereins, dessen Vorsitzender er zeitweilig war. Überhaupt legte man in der Zeit zwischen den beiden großen Kriegen im Sanatorium großen Wert auf den Ausbau der Sportanlagen. Ein Reitstall und eine eigene Brücke für die Ruderer und Segler bestätigen dieses Bemühen. In das Jahrzehnt der Tätigkeit von Bürgermeister Dr. Meyer fällt auch die Einrichtung einer Jugendherberge, die Austragung des Inselsportfestes und der Bau eines Flugplatzes in Wyk.

1926 bekam Föhr seinen kleinen Flugplatz – auf Boldixumer Gemarkung. Auch für diesen Schritt in die moderne Zeit dürfte Dr. Meyer der Initiator gewesen sein. Alsbald konnte Wyk in das sich entwickelnde Passagierflugnetz eingegliedert werden, wenigstens in den Sommermonaten mit dem Seebäder-

Der in den zwanziger Jahren
angelegte Wyker Golfplatz
gehörte damals zu den schönstgelegenen Schleswig-Holsteins.

Flugdienst. Junkers-Ganzmetallflugzeuge stellten die Verbindung her mit Hamburg, Kiel und Flensburg. Diese robusten Maschinen boten sich auch für Rund- und Werbeflüge an. Gewiß erinnert sich noch mancher Insulaner an das knallrote „Trumpf"-Flugzeug, das an Fallschirmen kleine Schokoladenpackungen über dem Strand abwarf. Und durch die Agfa-Bälle – vom Flugzeug über Strand und Watt abgeworfen – ist so mancher Sommergast in den Besitz einer Foto-Box gelangt. – 1927 modernisierte die W.D.R. ihre Flotte durch die Einstellung eines eleganten Neubaus, des Motorschiffes „Nordfriesland" (III).

Das Nordseebad Wyk hat eine Tradition in der Förderung der Meeresheilkunde. Der Arzt Dr. Carl Haeberlin, der 1902 nach Föhr kam, gilt geradezu als der „Nestor der deutschen Meeresheilkunde". Er und sein Kollege Dr. Gmelin waren es auch, die zusammen mit anderen Wyker Persönlichkeiten die Gründung eines Forschungsinstituts, das kontinuierlich den Fragenkomplex „Meeresklima/Gesundheit" bearbeitete, forderten und förderten.

Am 15. Juni 1926 konnte in einem der Blockhäuser des Sanatoriums provisorisch eine Forschungsstelle eingerichtet werden. Ein Neubau wurde 1927 beschlossen und im Mai 1928 auf dem vom Direktor Mensendieck geschenkten, unmittelbar am Meer gelegenen Grundstück errichtet: die „Bioklimatische Forschungsstelle Wyk auf Föhr" war in wirtschaftlich schwierigen Zeiten als Gemeinschaftsleistung von Stadt und Kreis, Provinz und Universitäten, Verbänden und einzelnen Heilanstalten geschaffen! Es begann eine Blütezeit der meeresheilkundlichen Forschung. Zwischen dreißig und vierzig Doktorarbeiten über medizinische und meteorologische Fragen und die Klimatherapie sind in engem Kontakt zwischen der Universität Hamburg und den Ärzten und Wissenschaftlern „vor Ort" entstanden. 1935 wechselte die Trägerschaft zum „Reichswetterdienst", dessen Abteilungsleiter Prof. Knoch den Neuaufbau des heilklimatischen Dienstes in den deutschen Kurorten organisierte. Der Meteorologe Dr. Walter Leistner übernahm die Leitung, die er mit kriegsbedingter Unterbrechung innehatte bis zur Schließung des Hauses im Jahre 1971.

Vor und nach dem Zweiten Weltkrieg hat der international bekannte Physiker Dr. Rudolf Schulze, Hamburg, ein Strahlenforscher, in Wyk seine klassischen Untersuchungen zur Erforschung der Ultraviolettstrahlung durchgeführt. In Messungen, die über acht Jahre an der Nordseeküste durchgeführt wurden, hat man die Schwelle des Sonnenbrandes, die Erythemschwelle, experimentell ermittelt. Wenn heute in Zusammenhang mit dem Ozonloch über die verschiedenen Wellenbereiche der Ultraviolettstrahlung (UV-A, UV-B, UV-C) zu lesen ist, so darf wohl daran erinnert werden, daß die Abgrenzung experimentell in Wyk ermittelt wurde. Die Untersu-

Gymnastik der Damen
im Windschutz des Grünstreifens –
eine Fotografie aus der Zeit um 1930.

chungen in der „Bio“ – wie die Insulaner die Forschungsstelle kurz nannten – legten die Grundlage für die moderne Heliotherapie.

Die Schließung der Forschungsstelle durch den Bundesrechnungshof 1971 ist um so unverständlicher, als die Bedeutung der natürlichen Heilkräfte des Meeres und des Seeklimas für die Volksgesundheit noch keineswegs Allgemeingut der Medizin ist. Der Wyker Kinderfacharzt Dr. med. Ernst-Günter Schultze, langjähriger ärztlicher Betreuer des Hamburger Kinderheims (früher: Seehospiz) und Autor zahlreicher Veröffentlichungen zur Meeresheilkunde, verwies in einem Artikel „Das Ende der Bio'“ 1973 auf den Wert der natürlichen Heilkräfte des Meeresklimas als Gegengewicht zur sich ausbreitenden Medikamentensucht.

Ein Blick in die Statistik der Gästezahlen zeigt für das Jahrzehnt von 1922 bis 1932 eine Wellenlinie. In der Inflationszeit liegt die Zahl jeweils etwas über oder unter 10000. Nach der Stabilisierung des Geldes und damit seiner Verknappung rutschte die Gästezahl 1924 auf 6103 ab, erholte sich dann jedoch Jahr für Jahr im großen und ganzen: 1925 auf 6872, 1926 wieder etwas weniger, nämlich 6130, 1927 ein erfreulicher Sprung nach oben mit 8303 Gästen, 1928 gar 8929, und dann glitt das Bad ebenso wie die gesamte Volkswirtschaft ab in die Depression und Deflation: 1929 noch 7929 Gäste, 1930 nur noch 6931, 1931 6252 und im Krisenjahr 1932 erschreckend geringer Zuspruch mit 5941 Personen. Auch die Verweildauer nahm ständig ab.

Viel Geld kostete die Stadt Wyk der Ausbau der Kleinbahn Niebüll–Dagebüll auf Normalspur 1926 und die Gründung einer privaten Mittelschule, der Nordsee-Schule, 1924. Ein wichtiges Projekt, die bereits 1926 beschlossene zentrale Wasserversorgung Wyks, fiel schließlich 1930 der Überschuldung der Stadt zum Opfer. Der Rückgang der Gästezahl und damit der Kurtaxe, Gewerbesteuer und anderer kommunaler Einnahmen hatte Wyk gegen Ende der Weimarer Republik tief verschuldet.

Die Ebbe in den Wyker Kassen läßt sich bei den Kurtaxeinnahmen, bei der Strandkorbmiete und sogar bei der Tennisplatzabrechnung nachweisen. Nehmen wir als Bezugspunkte die letzte Saison vor dem „Schwarzen Freitag“ an der New Yorker Börse, der im Oktober 1929 die Weltwirtschaftskrise auslöste, und den letzten Sommer, den die Deutschen in ihrer ersten Republik erlebten, den des Jahres 1932. Hatten die Kurtaxeinnahmen 1929 noch 102167,75 RM betragen, so lagen sie 1932 nur noch bei 53827,37 RM, waren also fast halbiert. Die Strandkorbmiete sank von 26093,70 RM 1929 auf 11329,01 RM 1932. Auch bei den Einnahmen aus der Gewerbesteuer verzeichnete der Orts-Chronist Egon Petersen einen katastrophalen Einbruch: 1928 noch 49084 RM, und 1933 nur mehr 7133 RM. – So wurden alle Pläne zum Ausbau von Stadt und Bad förmlich stranguliert durch die Finanznot der Gemeinde.

Auf und ab in den Dreißigern und Vierzigern

Der Ertrinkende greift zum sprichwörtlichen Strohhalm. Wer pleite ist, erliegt leicht der Verlockung großer Versprechungen. Als in Wyk die Gästezahl Anfang der dreißiger Jahre dramatisch zurückging, als Konkurse, Zwangsversteigerungen und Arbeitslosigkeit zunahmen und die deflationäre Verknappung des Geldes viele Familien wie auch die Stadt in eine hoffnungslose finanzielle Lage brachte, als lernwillige Jugendliche keine Lehrstellen, tüchtige Handwerker kaum noch Aufträge und fleißige Landwirte und Geschäftsleute immer weniger Käufer bei gleichzeitigem Preisverfall fanden – da wurde die Partei Adolf Hitlers zur stärksten Kraft.

Bei der Reichstagswahl am 14. September 1930 kam die NSDAP im Krs. Südtondern auf 25,3 Prozent, in Wyk auf 525 Stimmen, sie war damit auf Anhieb meistgewählte Partei. Zwei Jahre zuvor, 1928, hatten ihr nur 15 Wahlberechtigte ihr Kreuz gegeben. Die SPD brachte es auf 296 Stimmen. Wenn die Insulaner in die Zeitung guckten oder an einem der gerade „modern" gewordenen Radiogeräte drehten, erfuhren sie aus der Reichshauptstadt, daß es bei der Reichstagseröffnung Mitte Oktober 1930 zu lärmenden Szenen bei der Wahl des Präsidenten Löbe, zu Demonstrationen und Schlägereien gekommen war. Radikale der Links- und Rechtsparteien gingen auch gegen das Pelzhaus Herpich vor, und Kaufmann Herpich war immerhin ein geschätzter Wyker Mitbürger.

Nach der Machtübernahme durch Reichskanzler Hitler am 30. Januar 1933 veränderte sich bald die Zusammensetzung des Wyker Stadtparlaments. Die Kommunalwahl vom 12. März 1933 brachte acht Nationalsozialisten, zwei Sozialdemokraten und einen Vertreter der ‚Liste Schwarz-weiß-rot' ins Wyker Rathaus. Die Mehrheit der Stadtvertreter kündigte Bürgermeister Dr. Meyer die Zusammenarbeit auf, so daß der verdienstvolle demokratische Politiker seine Beurlaubung beantragte. Nachfolger wurde der aus Tondern stammende Carl Skov (1933–1938), dem Willy Bergmann (1939–1945) folgte.

Wenn im folgenden versucht werden soll, in großen Zügen ein Bild von den wenigen Friedensjahren und den mehr als fünf Kriegsjahren unter dem Hakenkreuz im Nordseebad Wyk auf Föhr zu zeichnen, so können hier außer der Statistik der Kurverwaltung, außer der (freilich auch gleichgeschalteten) „Föhrer Zeitung", außer den gründlichen Stadtchroniken von Jakob Tholund – 1969 und 1985 erschienen – auch schon die persönlichen Erinnerungen von etwa zwanzig befragten älteren Wyker Bürgerinnen und Bürgern herangezogen werden. Schließlich hat der Verfasser als Sohn Föhrer Eltern bei alljährlichen langen Ferienaufenthalten als zehn- bis siebzehnjähriger Schüler zwischen 1934 und 1941 eigene Eindrücke sammeln können.

Auch die neuen Herren im Rathaus wußten, daß Gästefreundlichkeit, ein blitzsauberes Ortsbild und Traditionspflege gut wirkten im Bemühen um den so herbeigesehnten „König Kurgast". Die Blumenrabatten im Kurgarten, die schneeweißen Ruhebänke, die frühmorgens geharkten und besprengten Wege am Sandwall gehörten ebenso zu dem Ortsbild wie die mit Schaufeln, Keschern und Wimpeln zum Strand ziehenden Kinder, die nun die Lieder sangen, die man aus Schule, Rundfunk und „Jungvolk" kannte.

Am Hafenpier warteten die Gepäckträger auf die ankommenden Gäste – blanke Messingschilder mit den Namen der größeren Hotels an den blauen Mützen. Fixe Wyker Jungs, die sich gern „en poor Groschen nebenbi" verdienen wollten, boten sich zum Koffertragen an und fragten wie eh und je: „Wünschen Sie Privat-Logie?" – Natürlich spielte auch in der Zeit, als immer mehr Hakenkreuzfahnen die Strandburgen schmückten, die Kurkapelle dreimal täglich. Das Vormittagskonzert begann, jedenfalls noch in den ersten Jahren nach 1933, ganz traditionell mit einem Choral.

Und Klingelmann wie Schifferbank blieben liebenswerte „Markenzeichen" des soliden, ruhigen, gemütlichen Badeortes Wyk. Ob es

Das Luftfoto, das aus den dreißiger Jahren stammt, veranschaulicht die Weitläufigkeit und grüne Einbettung der Villenkolonie Südstrand.

nun Jens Moos mit seinem weißen Vollbart, Marius Jürgensen, der Schulhausmeister, oder sonst jemand mit kräftiger Stimme war – der Wyker Klingelmann gehörte zum Ortsbild. Am Hafen, am Strand entlang und in den Gassen und Gängen hörte man zum Kling-Klang der blanken Handglocke so wissenswerte Neuigkeiten wie „Frische Schollen am Hafen!“ oder „Ausflugsfahrt nach Hallig Hooge mit Motorboot ‚Friesland‘!“ oder auch das Kino-Programm der „Centralhallen-Lichtspiele“ und die Veranstaltungen der Kurverwaltung. Da konnte es wohl sein, daß schwierige Filmtitel mit Fremdwörtern recht eigenwillig ausgesprochen wurden von den Männern mit der lauten Stimme und der einfachen Schulbildung. Kurgäste schmunzelten, wenn „Réunion“ im Kurhaus angesagt war und beim Ausrufen daraus etwas wurde, was sich mehr wie „Ran-an-die-Jungs“ anhörte.

Ein anderes Kuriosum, das sorgsam gepflegt wurde, war die „Schipperbank“ bei der Mittelbrücke. Hier saßen die alten Seebären, die welterfahrenen Männer der Seefahrerinsel Föhr, qualmten um die Wette und erzählten sich die Stories ihres Lebens, die sich nur zu oft „lögenhaft vertellt“ anhörten – zur Freude der Fremden, die sich gern dazusetzten.

Die allermeisten Kurgäste fühlten sich vermutlich wenig gestört von den nun auch in Wyk einziehenden Kennzeichen der sogenannten „neuen Zeit“, denn sie kannten derlei aus ihren Wohnorten in den anderen deutschen Gegenden: die gelegentlichen Aufmärsche der braunen Kolonnen mit den blutroten Fahnen; die Morgenfeiern und Flaggenparaden der Jugend und ihre Heimabende und Sportfeste; den fast gleichartigen Inhalt der reglementierten Presse – ob überregional oder lokal aus den beiden „Pressehäusern“ Wyks in der damaligen Adolf-Hitler-Straße (heute Mittelstraße) und der Friedrich-Christiansen-Straße (heute Große Straße); die Gäste kannten von daheim den vorgeschriebenen Hitler-Gruß, vielleicht auch den nationalen Kitsch, der in Andenkengeschäften auftauchte, und die angeordnete Beflaggung zu nationalen Anlässen.

Und es kamen wieder mehr Kurgäste!

Schon viele Jahrzehnte ist die „Schifferbank“ am Sandwall ein Begriff für gute Unterhaltung bei guter Aussicht auf den Strand und das Meer.
Die Seebären schauten 1885 halb mißtrauisch, halb belustigt in den Knipskasten.

Nach dem Tiefststand von 5941 Kurgästen im Jahre 1932 ging es in der Besucherzahl bis zum Kriegsbeginn Jahr für Jahr aufwärts: 1933: 7921, 1934: 7848 *und* 800 Gäste der NS-Organisation „Kraft durch Freude“ (K.d.F.), 1935: 8869 Kurtaxe zahlende Gäste und dazu 2394 K.d.F.-Gäste, 1936: 9633 Kurgäste und 2750 K.d.F.-Gäste, 1937: 11 666 Kurgäste und 3527 Gäste der genannten NS-Organisation, zu denen noch 3748 Kinder in den sozialen Heimen kamen. Für das letzte Friedensjahr des „III. Reiches“, 1938, wird die Statistik der Kurverwaltung besonders ausführlich. 13 699 Kurgäste mit 449 926 Übernachtungen und 2175 K.d.F.-Gäste mit 31 590 Übernachtungen wurden gezählt, dazu 3347 Sozialheim- und 2291 Privatheim-Kinder und 850 von der NSV (National-Sozialistische Volkswohlfahrt) verschickte Kinder. 1939, als am 1. September mit dem deutschen Angriff auf Polen der Zweite Weltkrieg begann, hatte Wyk noch einmal 12 191 Kurgäste mit 382 311 Übernachtungen und 3399 K.d.F.-Gäste mit 51 136 Übernachtungen.

Durch diese Zahlen wird widerlegt, daß Wyk nur durch die K.d.F.-Gäste Auftrieb erhielt, denn deren Zahl blieb deutlich unter der der Kurtaxe zahlenden regulären Gäste. Die Kurtaxeeinnahmen erreichten 1939 83 860,55 RM (gegenüber 53 827,37 RM im Jahre 1932). Bei den Kleinvermietern waren die K.d.F.-Gäste beliebt, denn sie reisten zu ihren ein- bis zweiwöchigen Aufenthalten von Juni bis September an. Pro Bett und Übernachtung erhielten die Vermieter(innen) 80 Pfennig! Ein betagter Boldixumer, dessen Mutter sechs Betten an K.d.F.-Gäste vermietete, erinnert sich an den frohen Ausruf des Vaters am Morgen beim Frühstücken: „All wedder fief Mark verdeent hüt Nacht!“ Und ein anderer Zeitzeuge aus Wyk betonte, daß man an den K.d.F.-Gästen besonders schätzte, daß sie ihr Geld bis auf die letzte Mark im Urlaubsort auszugeben pflegten. Da diese Gäste des staatlich organisierten Tourismus ihre Mahlzeiten gemeinsam einnahmen, erhielten auch bürgerliche Speiselokale, wo 60 bis 80 Gäste gemeinsam aßen, feste Einnahmen.

Die von „Kraft durch Freude“ vermittelten

In den wenigen Friedensjahren des „Dritten Reiches“ war der Wyker Strand wieder von bedeutend mehr Gästen belebt als in den Krisenjahren zuvor. Kurerfolg 1935 in Muscheln dokumentiert: „In Wyk auf Föhr in Deutschlands Nord – so kommst du her, so gehst du fort“.

Am Pier ging es gewiß nicht immer so ruhig zu, wie es diese Postkarte vermittelt.
Aber Ankunft und Abfahrt am Wyker Hafen
haben damals wie heute den Reiz des Inseltypischen.

Wyk-Besucher der dreißiger Jahre waren zumeist Arbeiter, kleine Angestellte, Hausfrauen. Hier liegt der Beginn des Sozialtourismus auch in einem Nordseebad, das traditionell als Inselbad nicht gerade zu den billigsten zählt.

Kommunalpolitiker und Bürgerschaft waren erleichtert, als Wyk zur Tilgung seiner immensen Schulden einen Staatszuschuß von 330 000 RM erhielt. Beihilfen zur Hafenerneuerung kamen hinzu. – Die Luftfahrt-, Flugzeug- und Technik-Fans waren begeistert über die Wyker „Großflugtage", auf denen Tausende Ernst Udets Kunstflugvorführungen bewunderten.

Das geschichtliche Bild dieser Jahre wäre unvollständig, ja irreführend, wenn man die dunklen, bedrückenden Seiten, die beschämenden Vorgänge, die Wunden und Narben, die fanatisierte Menschen anderen durch Antisemitismus, Gewalt und Menschenverachtung zufügten, übersehen und übergehen wollte.

Daß ein so bekanntes Kinder-Bad wie Wyk die kleine Gruppe der jüdischen Kinder geradezu perfide behandelt hat, ist ein brauner Schandfleck auf dem Aushängeschild seines Ansehens. Im Kinderheim des jüdischen Frauenvereins in der Gmelinstraße brach ein Feuer aus. Da die Protokolle der Freiwilligen Feuerwehr ab 1. 1. 1934 vernichtet sind und erst ab 1948 wieder geführt werden, da auch jegliche Polizei-Akten fehlen, haben wir uns durch Befragen von mehr als einem Dutzend Zeitzeugen ein Bild zu machen versucht.

Übereinstimmend wurde bekräftigt, daß dieser Brand *keinen* politischen Hintergrund gehabt habe, sondern in der Plättstube im Obergeschoß durch Unachtsamkeit ausgebrochen sei. Johann Ingwersen gehörte zu den Männern der Boldixumer Wehr und stand mit der Spritze am Brandherd. Als kein Wasser kam, hätten die drei vom Löschtrupp noch gesagt: „Nu is de Sprütt ok all politisch word'n!" Ursache des Wassermangels war der niedrige Wasserstand bei Ostwind. Schnell pumpte man Löschwasser aus den Sickergruben des gegenüberliegenden Hauses „Schöneberg". So wurde der untere Teil des Gebäudes gerettet.

In der Folgezeit geschah jedoch etwas, was zum traurigen Kapitel des Antisemitismus in

Das Dr.-Carl-Haeberlin-Friesen-Museum in Wyk birgt seit 1908 die umfangreichen Sammlungen zur Vor- und Frühgeschichte, zur Geologie, Fauna und Flora, Volkskunde und Kulturgeschichte der Insel Föhr.

Wyk gehört. Ein älterer Wyker berichtet aus seiner Jugendzeit, daß SA-Leute in Zivil die Scheiben des erhalten gebliebenen Teils einwarfen. – Ein anderes Kinderheim in jüdischem Besitz, das Haus Weinberg in der Feldstraße, hatte ein gnädigeres Schicksal. Sein Eigentümer konnte nach Belgien emigrieren; in das Haus zog ein Kindergarten ein.

Als unsere Familie in einem der wenigen Friedens-Sommer der Nazi-Zeit zum Ferienaufenthalt nach Wyk fuhr, überraschte uns unübersehbar die meterhohe Schriftzeile an der Promenadenmauer „Hinaus mit den jüdischen Kinderheimen!" – am Hotel „Atlantischer Hof" beginnend und mehrfach wiederholt bis zum Südstrand hin. Mehrere alte Wyker bestätigten dies noch mehr als 50 Jahre später. Der älteste von ihnen, Arwis Braren, konnte den beschämenden Tatbestand wenigstens abmildern durch seine Erinnerung, daß dies von Fremden ausgeführt worden sei und die Stadt alsbald alles habe übermalen lassen.

Der Boykott von Handelsvertretern jüdischer Firmen auch auf Föhr, die antijüdische Kundgebung in Zusammenhang mit der „Reichskristallnacht" im November 1938 in Wyk mögen von höherer Stelle befohlen worden sein. Die geradezu infame Form der „Verabschiedung" jüdischer Kinder aus Wyk dürfte aber mehr auf „Eigeninitiative" verblendeter Pädagogen zurückgehen. Mehrere Bürgerinnen und Bürger unseres Ortes erinnern sich daran, daß sie als Kinder im Klassenverband zum Hafen geführt wurden, wo sie abreisende jüdische Kinder bespucken und mit Pfui-Rufen begleiten sollten.

Es gab aber auch Beispiele für Widerstand. Der erfordert in Diktaturen bekanntlich viel Mut. Dr. med. Friedrich Th. Schulz war von 1927 bis zum Jahreswechsel 1961/62 Chefarzt des Wyker Krankenhauses und ist durch sein Wirken für Insulaner wie Gäste gleichsam ein Teil der Ortsgeschichte geworden. Dem beliebten Inselarzt wurde, wie seine Tochter Birgit George im 5. Föhrer Seniorenbuch schreibt, 1938 von der Kinderheilstätte Schöneberg gekündigt, weil er sich weigerte, sich von seiner jüdischen Frau scheiden zu lassen. In seinem Hause wurden verfolgte Mitglieder der Bekennenden Kirche aufgenommen. „Ende 1944 sollten er und seine Frau verhaftet werden", schreibt Birgit George. „Sein Kollege Dr. Sasse, Niebüll, hatte Anweisung,

Im Archiv des Museums fand sich dieses Foto-Dokument
von der Wyker „Heimwehr" der letzten Kriegsmonate:
Männer in Zivil, die Föhr gegen eine feindliche Landung verteidigen sollten.

ihn und seine Frau auf Lagerfähigkeit zu untersuchen. Aber es wurde nichts aus der Verhaftung, vermutlich, weil die Behörden Ärger bei der Landbevölkerung befürchteten." Die Autorität und Unentbehrlichkeit von Dr. Schulz waren so groß, daß antisemitische Parolen, die Nazis an die Mauer seines Hauses „Oland" schmierten, behördlicherseits entfernt wurden. Daß der passionierte Jäger 1943 seinen Jagdschein abgeben mußte, weil er sich weigerte, bei russischen und polnischen Fremdarbeiterinnen Abtreibungen vorzunehmen, gehörte zu den Schikanen gegen den aufrechten Christen und Demokraten, der nach dem Kriege eine Zeitlang Bürgermeister in Wyk war.

Auch die „nicht arische" Familie Heymann blieb vom Schlimmsten verschont. Hat es in Wyk neben extrem radikalen nazistischen Handlungen auch so etwas wie eine inselspezifische Solidarität zur Verhinderung des Allerschlimmsten gegeben?

Schon im Mai 1940 wurde die Insel Föhr für jeglichen Besuch durch Fremde gesperrt. Dies hing zusammen mit den Versorgungsproblemen, besonders in den strengen Kriegswintern, sowie mit dem Ausbau des Wyker Flugplatzes für militärische Zwecke bis etwa 1942. Auswärtige, die die Insel aufsuchen wollten, benötigten eine der sehr restriktiv ausgegebenen Aufenthaltsgenehmigungen des Landratsamtes in Niebüll.

War bei einem Bomben-Notabwurf in den ersten Kriegsmonaten in der Museumstraße eine Wykerin getötet worden, hatten bei der Minenexplosion am Wyker Schiff „Nordmark" vor Amrum drei Seeleute ihr Leben verloren, so brachten zwei Luftangriffe auf Schiffe der Wyker Dampfschiffsreederei im Sommer 1944 Entsetzen und Leid in noch mehr Familien. In der Chronik der Inselreederei von 1985 schreibt Gert Uwe Detlefsen über diese tragischen Ereignisse: „Kapitän Wilhelm Nommensen steuerte mit der ‚Föhr-Amrum' am 26. Juni 1944 gegen 17.30 Uhr auf einer Linienfahrt Amrum an, als das Schiff querab von Hubsand von zwei britischen Flugzeugen unter Beschuß genommen und getroffen wurde. Kapitän Nommensen starb bei diesem Angriff, die Besatzungsmitglieder John Doorentz und Peter Johnsen erlitten ebenso wie vier Passagiere Verletzungen. Die ‚Kapitäne Christiansen', seinerzeit jüngstes Schiff der WDR-Flotte, hatte am 10.

Juli 1944 gegen 19.10 Uhr das Ziel ihrer Fahrt von Dagebüll nach Wyk schon fast erreicht, als es bei Tonne 8 in Höhe der Dampferbrücke von einem feindlichen Flugzeug angegriffen wurde. . . Dieser schwerste Angriff auf ein WDR-Schiff kostete elf Menschenleben und 23 Schwer- und Leichtverletzte."

Im Sommer 1944 waren 125 Jahre vergangen seit der Gründung des Seebades Wyk. Könnte man sich einen größeren Gegensatz denken als diesen: damals zur Biedermeierzeit die ersten Gäste im beschaulichen Flekken „bi de Wyck" – jetzt in den letzten Monaten des schlimmsten aller Kriege die furchtbaren Folgen allgegenwärtig. Die Schiffe fuhren nur noch nachts. Die großen Vermietungshäuser, Heime und Sanatorien überbelegt mit Verwundeten, mit Soldaten der Insel-Besatzung und mit den Flüchtlingen aus den zerbombten Städten und bald auch mit denen aus dem deutschen Osten. In der Zeitung statt Siegesnachrichten immer mehr Todesanzeigen Gefallener, aber auch Berichte von Durchhalte-Kundgebungen und Sammlungen zum „Volksopfer". Eine „Heimwehr" mit den Männern des letzten Aufgebots mußte Vorkehrungen treffen zur Verteidigung der Insel gegen feindliche Landungen.

Nun wurde es erzwungenerweise Wahrheit für alle, was der Wyker Ortsgruppenleiter Dr. F. Roeloffs 1932 gesagt hatte: „Wir Nationalsozialisten wissen, welchen Weg wir zu gehen haben, denn dieser Weg ist von unserem Führer Adolf Hitler vorgezeichnet, und wir werden ihn mit ihm gehen durch dick und dünn. . ." (Föhrer Zeitung vom 25. Juli 1932). Dieser Weg endete auch für das Nordseebad Wyk auf Föhr in der Katastrophe.

Am Sandwall beim Musikpavillon gibt es fast auf Schritt und Tritt Gelegenheit zur strandnahen „Siesta“: Lokale, Sitzecken, Ruhebänke und der gepflegte Kurgarten laden zum Verweilen ein.

Der Wyker Strand mit dem einzigartigen Blick auf die Halligen-Kette und den lebhaften Schiffsverkehr.

30
202

Das Buddeln der Kleinen am gefahrlosen Ufer, das Ballspiel der Größeren, oft unter sportlicher Anleitung, oder eine Wanderung über das flache Sandwatt an den Priel lassen die Stunden am Wyker Strand viel zu schnell vergehen.

Blumenpracht ganz dicht am Sandstrand und an der Nordsee – das gibt es nicht an den „Brandungs-Badeorten“ auf Sylt und Amrum. In Wyk ist dies eine Folge der günstigen geschützten Lage des Ortes am Ostufer der Wattenmeerinsel Föhr. Wer im Hochsommer durch die Straßen spaziert, wird den schmeichelhaften Beinamen „Stadt der Rosen“ gern bestätigen.

„Wyk ist die Tochter, Boldixum ist die Mutter" . . . Dieser treffende Satz umreißt die Tatsache, daß der Platz „bi de Wyk", d. h. „an der Bucht", eine späte Gründung ist (1638). Das Dorf am Fuße der spätromanisch-frühgotischen St.-Nicolai-Kirche von etwa 1240 ist also viel älter als der jüngste, heute aber größte Föhrer Ort, Wyk. Der Boldixumer Friedhof mit den alten Seefahrer-Grabsteinen und die gepflegte Dorfkirche mit dem Altar des Johann von Stedesand und der plattdeutsch beschrifteten Emporen-Kanzel sind vielbesuchte Ziele Föhrer Gäste.

3 · DES ABENDTMAHL

336
246 1–4
246 5–8
277 1+2
233 1–7

Die Eiszeit brachte die runden Kopfsteine, die als sogenannte „Brücke“ viele Friesenhäuser umsäumen, hierher. Die vielen anderen Besonderheiten der alten Reetdachhäuser wie Backengiebel, schön gearbeitete Türen und handgeschmiedete Maueranker besieht man sich am besten in einer geruhsamen Pause der Inselrundfahrt.

Ring-Reiter-Verein
19
22
Osterlandföhr

Das Ringreiten ist auf der Insel ein Volkssport, der stets Hunderte von Zuschauern anlockt. Noch volkstümlicher ist die Fortbewegung auf dem Stahlroß, denn Föhr ist eine wahre „Insel der Radler“ geworden. Zum Wattenwandern jedoch braucht man weder Roß noch Rad, sondern muß nur „gut zu Fuß“ sein.

Halligland begrenzt den Horizont des Wattenmeeres, ein Krabbenkutter ist unterwegs zum Wyker Hafen

Der Sommertag klingt aus mit einem Gang zur Kurmusik. Die Ruheplätze am Pavillon, Strandkörbe und mehrere nahe Gaststätten laden zum Verweilen ein. Die Mittel- und die Seglerbrücke sind nicht weit, so daß man zur Abwechslung Wyks Kurzentrum auch von See her betrachten kann. An stillen Abenden, wenn die Lichter an der Promenade und auf vorbeifahrenden Schiffen aufflammen, wenn auch die Halligwarften Lichtpunkte bekommen und der Mond aufgeht – dann kann Wyk, dieses in der Biedermeierzeit gegründete Nordseebad, auch heute noch romantisch sein.

Vom Jahre Null zu immer neuen Rekorden

Als nach der deutschen Kapitulation die Waffen in Europa endlich schwiegen, mag das vorherrschende Gefühl der Zeitgenossen so oder so ähnlich gewesen sein, wie der Verfasser, der damals als 21jähriger mit einer Malaria als „Balkan-Erinnerung" im Lazarett lag, es empfand: Gott sei Dank, das Töten hat ein Ende, und du hast es überlebt . . . Daß aber das Sterben an den Kriegsfolgen nicht zu Ende war, zeigt ein Gang über den St.-Nicolai-Friedhof. In seinem Ostteil liegen die in Wyker Lazaretten Gestorbenen, im Tode gleich mit den auf Föhr gestorbenen russischen Kriegsgefangenen, und der gemeinsame Gedenkstein mahnt die nachfolgenden Generationen mit den Worten „Unser Opfer – Eure Verpflichtung: Frieden!" Westlich des Turmes von St. Nicolai fanden viele Flüchtlinge, besonders alte Menschen und Kinder, die in unserer Gemeinde in den ersten Nachkriegsjahren starben, ihre letzte Ruhestätte unter schlichten Holzkreuzen. Das Gefallenen-Ehrenmal von 1914/18 mußte um 228 Namen der Gefallenen und Vermißten des Zweiten Weltkrieges allein von Wyk/Boldixum/Südstrand erweitert werden.

In den Gefangenenlagern im Osten mußten noch viele Menschen sterben an Hunger, Krankheit und Entkräftung. Der wohl letzte Kriegsgefangene kehrte erst im Oktober 1955 aus Rußland auf seine Heimatinsel zurück und wurde am Wyker Hafen von einer großen Menschenmenge begrüßt. Seine ersten Worte unter den Föhringer Landsleuten waren: „Nach so viel Haß – so viel Liebe!"

Die totale Niederlage hinterließ auch in der Stadt Wyk auf Föhr immense Probleme der Unterkunft, der Ernährung, der Energieversorgung und der geistigen Neuorientierung. Durch den Zustrom der Ostvertriebenen, durch Evakuierte aus den zerbombten Städten, durch die verbleibenden Soldaten der ehemaligen Inselbesatzung schnellte die Einwohnerzahl gewaltig in die Höhe. Jakob Tholund nennt in seiner Chronik von 1985 die folgenden Zahlen: Lebten in Wyk am 17. Mai 1939 nur 2834 Personen, so waren es am 24. Oktober 1946 mehr als doppelt so viele, nämlich 6249! Die Hotels, Sanatorien, Pensionshäuser und z. T. die Heime wurden als Notunterkünfte benötigt, teils mit Strohlager. Das zuvor als Lazarett benutzte Kurhaus konnte schon 1947 freigemacht und an die HAPAG verpachtet werden, die das total heruntergekommene Haus renovierte und wieder in den Dienst der Gäste stellte.

Die Ernährungslage mag in Wyk nicht ganz so katastrophal gewesen sein wie in den Ballungsgebieten. Es gab Gemeinschaftsküchen, man hatte „Beziehungen" zur Landbevölkerung, und wer gar nichts besaß, was er noch auf den Bauernhöfen vertauschen konnte, ging hinaus aufs Watt, grub Muscheln und legte Angeln und deckte so den lebensnotwendigen Eiweißbedarf. Als ab 1946/47 die ersten Care-Pakete von den USA-Föhringern geschickt werden durften und glückstrahlend am Wyker Zollhaus in Empfang genommen wurden, als der Strom der Lebensmittelpakete aus Dänemark für die dänisch gesonnenen Südschleswiger immer breiter floß – da tat sich eine gefährliche soziale und materielle Kluft auf zwischen den Habenichtsen aus dem Osten in ihren Lagern, Bunkern und Notkammern und den Alteingesessenen in ihren eigenen Häusern.

„Hungern ist schlimm, frieren ist schlimmer!" Diese Erfahrung wurde Allgemeingut besonders im überaus strengen Winter 1946/47, als auf Föhr und Amrum rund 15 000 Menschen unter der Eisblockade zu leiden hatten. In Wyk opferte man große Teile des Kurparks für die Brennstoffversorgung. Über Nacht war der Musikpavillon, dieses Relikt aus besseren Zeiten, abgebrochen, verschwunden, alsbald verheizt. Im Schlackegrund der Tennisplätze grub man nach brennbaren Koksresten (wer glaubte damals, daß man jemals wieder elegantes, tennisspielendes Publikum bekommen würde?), und die wenigen Kohlewaggons, die Dagebüll erreichten, waren auf der langen Anfahrt oft so sehr bestohlen worden, daß ganz wenig übrigblieb für die Insulaner.

Zur materiellen Not kam die geistige Desorientierung. Opferwille und Idealismus der Menschen waren von einem verbrecherischen Regime mißbraucht worden. Das führte besonders bei der jungen Generation zur politischen Apathie, zur „Ohne-mich-Haltung", die den demokratischen Aufbau nicht gerade erleichterte. Der Wille, irgendwie zu überleben, bestimmte den Alltag der Familien.

Von den britischen Besatzungssoldaten hat Wyk nicht viel zu sehen bekommen. Im Ortsbild tauchten nur dann und wann die erdbraunen Uniformen der Sieger auf. Ein paar Soldaten „residierten" ab Mai 1945 eine Zeitlang im „Strandhotel", unterstützten die vorwiegend von Niebüll aus betriebene Entnazifizierung und sorgten allein durch ihre Präsenz dafür, daß Ruhe herrschte. Der für die Insel verantwortliche britische Offizier wohnte im Haus des ehemaligen Ortsgruppenleiters. Das Hauptbemühen galt dem Wiederaufbau der demokratischen kommunalen Selbstverwaltung. Man kam miteinander aus; Nordfriesen und Angelsachsen sind sich wohl so ganz unähnlich nicht. Zwei der neuen Herren von der Militärregierung „entführten" gar Föhrer Mädchen, die so typische friesische und schleswigsche Namen trugen wie Flor und Ingwersen, als Bräute von der kleinen Frieseninsel auf die große Briteninsel . . . –

Wo die 4907 Kurgäste, die die Statistik der Kurverwaltung für 1947 meldet, gewohnt haben könnten, ist einem, der jenes Jahr als gerade Heimgekehrter miterlebte, schleierhaft. Nun, es gab ja noch alte Wehrmachtszelte und Gartenschuppen für die „ausgelagerte Familie". Wer Sachwerte zum Bezahlen des Quartiers mitbringen konnte, war bevorzugt. Bettwäsche war in den meisten Fällen mitzubringen, daß sie jedoch als „Sachwert-Vergütung" beim Vermieter zurückgelassen werden mußte, war hoffentlich unrühmliche Ausnahme.

In den ersten Nachkriegsjahren übertraf die Zahl der Kinder in den privaten und sozialen Heimen die der regulären Kurgäste. Im ersten vollen Jahr mit der D-Mark, 1949, zählte Wyk 3888 Kurgäste und 5059 Kinder, davon 3569 in Sozialheimen. Alles zusammen ergab schon wieder 401939 Übernachtungen. Das waren nicht viel weniger als 1939.

Hier ist einer besonderen Ausprägung der Offenheit Wyks für junge Menschen, einer speziellen Form der Jugendbetreuung zu gedenken. Durch zwei Internate sind viele hundert Kinder und Jugendliche in ihren besonders empfänglichen Lebensjahren der Insel Föhr als Freunde gewonnen worden. Die „Baltenschule" war vom pommerschen Misdroy nach Wyk verschlagen worden und hatte ab Mai 1946 als „Carl-Hunnius-Schule" mit privatem Internat den Lehrbetrieb und die Heimerziehung in Gebäuden des Nordsee-Sanatoriums aufgenommen. Hier ist die Keimzelle des Gymnasiums Föhr zu suchen. Das Internat, das 1972 infolge des allgemeinen gesellschaftlichen und sozialen Strukturwandels seine Pforten schließen mußte, hat zahlreiche Kinder und Jugendliche oft jahrelang betreut, von 1946 bis 1956 schon 812 Zöglinge, von denen über 30 Prozent Voll- oder Halbwaisen und 43 Prozent Kinder von Vertriebenen waren.

Das Internat Haus Rothtraut (I.H.R.) ging hervor aus dem 1916 begründeten Kinderheim der Schwestern Rose und Gertrud Weyh, dem ersten ganzjährig geöffneten privaten Kinderheim übrigens. 1955 eröffneten Hilde Oehl-Böhmig geb. Weyh und Horst Oehl das Internat mit einer Erstbelegung von sieben Mädchen und elf Jungen. In 33 Jahren sind hier 773 junge Menschen betreut worden, bis mit dem Schuljahresende 1986/87 das traditionelle Haus umgewandelt wurde in ein Gästehaus mit Ferienwohnungen. – Die emotionale Bindung der meisten „Internatler" aus den beiden genannten Häusern zeigt sich bis in die Gegenwart durch die alljährlichen Treffen der „Ehemaligen" u. a. auch auf Föhr.

Als durch die Umsiedlung eines Großteils der Flüchtlinge und Vertriebenen, die auf der Insel keine Existenzmöglichkeit hatten, in den Jahren 1950 bis 1953 wieder mehr Vermietungsraum frei geworden war, als die Bundesrepublik in einen allgemeinen Wirtschaftsaufschwung gelangte – da stiegen in Wyk die Gäste- und Übernachtungszahlen kontinuierlich an. 1950 zählte man 10583 Besucher und 358093 Übernachtungen; 1952 lauteten die entsprechenden Zahlen schon 17825 bzw. 491496. Und 1955 – sieben Jahre nach der Währungsreform und zwei Jahre nach dem Auslaufen der Umsiedlung – hatte Wyk in der Gesamtzahl der Besucher (ohne die rd. 3700 „Passanten") bereits die 20000-Grenze und bei den Übernachtungen die halbe Million überschritten.

Eine große Stütze dieser Aufwärtsentwicklung waren die vielen privaten und sozialen Kinderheime. Ihre Zahl erreicht in den fünfziger Jahren den Höhepunkt mit über 25. – Die vielen Kinder und Jugendlichen, die blaß

Als Versorgungshafen für ganz Föhr hat Wyk zentrale wirtschaftliche Bedeutung. Bevor der Fähranleger geschaffen wurde, sah es in den „baufreudigen" Jahren vor 1939 und nach 1949 am Hafenkai oft so aus, wie es dieses Foto zeigt.

und anfällig auf die Insel kamen und nach mehreren Wochen einer ärztlich begleiteten Nordsee-Klimakur in Wyk braungebrannt, frisch und gesundheitlich gefestigt wieder die Heimreise antraten, haben wohl zu keiner Zeit in der Bad-Geschichte Wyks das Bild des Kurortes so sehr mitgeprägt, wie in diesem ersten vollen Nachkriegs-Jahrzehnt. Erst 1956 übertraf die Zahl der Kurgäste mit 16 250 die der Kinder in Heimen mit 9452, und erst 1964 zählte die Kurverwaltung mehr Übernachtungen bei den Kurgästen, nämlich 461 315, als bei den Heimkindern, für die auf Grund der längeren Verweildauer auch über 400 000 Übernachtungen zu verzeichnen waren.

„Es sieht beinahe so aus, als ob Deutschland erst den zweiten großen Krieg verlieren mußte, ehe auch in Wyk diejenigen Einrichtungen für die Allgemeinheit gebaut werden konnten, die für eine moderne Stadt dazugehören . . ." Diese halb spöttisch, halb bewundernd geäußerte Meinung eines USA-Föhringers beim Heimatbesuch trifft ein gut Teil der Wahrheit: 1953 Baubeginn der Vollkanalisation; die zentrale Wasserversorgung, eigentlich eine Selbstverständlichkeit für ein Heilbad, wird 1967 mit knapper Mehrheit beschlossen; es folgt die vollbiologische Kläranlage, 1972 in Betrieb genommen und 1993/94 modernisiert; der Bau des Schulzentrums 1977–1981 dient der ganzen Insel; die Schaffung des „Kleinen Kulturzentrums" im total renovierten Grundschulgebäude an der Süderstraße ermöglicht die zentrale Unterbringung der Bücherei und Musikschule.

War der Bau und die Erhaltung des Hafens mehr als 200 Jahre ein Streitpunkt zwischen dem Flecken „bi de Wyck" und den Landgemeinden gewesen, so fand der Ausbau des Hafens und des Fähranlegers ab 1960 allgemeine Zustimmung. Zuerst die Verbreiterung des Hafenbeckens von 30 auf 60 Meter, der Einfahrt von 5 auf 30 Meter; der völligen Erneuerung der Ostkaje folgte die Westkaje mit anschließendem Aufbau eines Gewerbegebietes im einstigen Gelände des Königsgartens; ein ganz neues Bild bekam Wyk für die Ankommenden durch den Neubau des Hafendeichs, einer Stöpe und einer Umgehungsstraße; und mit der Erneuerung der südlichen Hafenseite fand der Haufenausbau einstweilen seinen Abschluß.

Eine grundlegende Änderung erfuhr die Abwicklung des Fährverkehrs. Der Bau von drei Fährbecken mit beweglicher Rampe

Wyker Hafen, von der Straße aus gesehen,
etwa 1910 aufgenommen.
Im Vordergrund die Helgen (Helligen) der kleinen Schiffswerft.

1968/70 war die Voraussetzung für den Einsatz des neuen Schiffstyps mit Roll-on-Roll-off-Verladung der sprunghaft gestiegenen Auto-Massen. Der tidefreie Verkehr mit festem Fahrplan ab 1971 war ein weiterer Fortschritt. Die Zunahme des Sportbootverkehrs erforderte die Schaffung moderner Anlegemöglichkeiten (1979). Ein Vorhafen zwischen alter Mole und Seedeich mit einer Schutzmole von 280 Metern Länge nimmt seit 1984 die beiden Sektoren Sportboothafen und Fischereihafen auf. All diese Neuerungen zwischen 1960 und 1984 waren Grund genug, daß Stadt und Land, Insulaner und Kurgäste ein zünftiges Hafenfest feierten! Aus ihm entwickelte sich der beliebte sonntägliche „Fischmarkt“ in Wyk.

Für die Badestadt – schon seit 1948 staatlich anerkanntes Nordseeheilbad – bedeuteten es Großprojekte, wenn so viele Bauten im Dienst des Kurgastes in den fünfziger, sechziger und siebziger Jahren „hochgezogen“ wurden. Das 1957 begonnene und 1970 erweiterte Kurmittelhaus gehört dazu ebenso wie das im Jubiläumsjahr 1969 begonnene und im Jahr darauf vollendete Meerwasser-Hallen-Brandungsbad. Die Sandaufspülungen in Wyk 1963, denen weitere Strandverbreiterungen am Südstrand folgten, besserten den Ruf des Bades weiterhin. Die Erweiterung des Lesesaals am Sandwall um den „Kurgartensaal“ 1959 ist inzwischen schon überholt durch umfangreiche Neubauten. Die Kurverwaltung am Südstrand mit Lese- und TV-Räumen ist eine Bereicherung dieses Ortsteils.

Im neuen Rathaus von 1984 hatte man sich den Kopf zu zerbrechen über die Finanzierung all dieser Projekte und die städtischen Schulden. Vielleicht wünschte sich manche(r) Verantwortliche beim Blick auf den neu gestalteten Rathausplatz, die Steuer-, Abgaben- und Kurtax-Einnahmen möchten immer so stetig und reichlich fließen wie das Wasser, das die drei Bronze-Seehunde des Rathausbrunnens umrauscht. Denn der Ausbau der Fußgängerzonen, die Renovierung der Brücken, viele neue Strandkörbe und eine große Mehrzweckhalle, die Pflege der Grünstreifen, die Erweiterung des Straßennetzes,

Blick vom Sportboothafen
von 1979
über die Mole zum Fähranleger.

das erfolgreiche Wirken der Stadtgärtnerei für ein schönes Ortsbild – alles kostet viel Geld . . .

Bau-Boom auch für Eigenheime! Ganze Straßenzüge entstehen mit neuen Einzelhäusern, die von gepflegten Gärten umrahmt sind und natürlich meistens schon im Hinblick auf privaten Vermietungsraum geplant wurden. Jahre später sind es im Gefolge des „Wirtschaftswunders" mehr die Appartmenthäuser, die dem Trend des Gastes zur kompletten Ferienwohnung folgen. Einzelne Hochhäuser drängen sich mit ihrem mehr großstädtischen Aussehen leider auch in das traditionelle Stadtbild, ohne freilich den insgesamt noch kleinstädtischen, beschaulichen Charakter des Ortes grundlegend zu ändern.

Bauen wurde von den 50er Jahren an auch bei Föhrs „schwimmender Brücke durch das Wattenmeer", bei der Wyker Dampfschiffsreederei, groß geschrieben! 1974 fusionierte die WDR mit der Amrumer ASAG und übernahm die Linie Schlüttsiel–Halligen Hooge/Langeneß–Wittdün. Güterschuppen und Verwaltungsgebäude wurden erweitert und renoviert, neue Fähranleger in Wyk, Wittdün und Dagebüll geschaffen, das Bus-Angebot konnte stark ausgebaut und der Schiffspark nach Anzahl und Typen fast vollständig erneuert werden. Nur so konnte man die gewaltig gestiegene Verkehrsleistung erbringen. Schon zum 100jährigen Reederei-Jubiläum 1985 umfaßte die Flotte neun Einheiten und der Mitarbeiterstamm 180 Personen. Zwei Jahre vor dem 175. „Geburtstag" des Seebades Wyk, 1992, erreichte die Reederei die Rekordmarken von 280 000 übergesetzten Kraftfahrzeugen und 2,09 Millionen beförderten Personen auf der Linie Dagebüll–Föhr–Amrum. Im Dezember 1993 beschloß die Stadtvertretung, den Auftrag für einen Schiffsneubau – eine Auto- und Passagierfähre für über 20 Millionen DM – an die Husumer Schiffswerft zu geben.

Die Bemühung um einen umweltverträglichen Tourismus ist in Wyk keine kurzlebige Modesache oder gar vordergründige Reklameabsicht. Der erste Schritt, die Inselbesucher für die Empfindlichkeit des Wattenmeeres und der Inselnatur zu sensibilisieren und das Interesse zu wecken für mehr Kenntnis

Zum „Nordsee-Aktionstag“ demonstrierten in Wyk im Juli 1988 die Mitarbeiter der „Schutzstation Wattenmeer“ der Gefahren der Meeresverschmutzung am Seehund-Brunnen auf dem Rathausplatz auf recht eindringliche Weise.

über diesen Lebensraum war die Einrichtung der „Schutzstation Wattenmeer e.V.“ im Jahre 1972 mit den ersten beiden Zivildienstleistenden in Wyk und auf der Hallig Langeneß. Die biologisch interessierten „Ziwis“ leiten Wattenwanderungen, bieten anschließend Mikroskopierstunden, organisieren Fahrradtouren, vogelkundliche Wanderungen, halten Dia-Vorträge und betreuen von einem Bauwagen aus, der als kleines naturkundliches Info-Zentrum und Unterkunft dient, das weite, artenreiche Vorland im Norden der Insel.

Seit 1987 beherbergt Wyk im Rathaus die größte und aufwendigste Ausstellung über den „Nationalpark Schleswig-Holsteinisches Wattenmeer“, dessen Ziel der Schutz des Ökosystems in drei verschieden streng geschützten Zonen ist. Hier wird die Problematik der Nordsee-Verschmutzung veranschaulicht, aber auch durch fesselnde Medien kindertümlich und allgemeinverständlich geworben für den Schutz des Lebensraumes, in dem Föhr mittendrin liegt.

„Sind Sie die Insel mit dem ‚Dosen-Schwur‘?“ wird auf Touristik-Messen immer wieder am Föhr-Stand gefragt, denn bundesweite Publizität erlangte der Beschluß der Einzelhändler, in freiwilliger Absprache alle müllbelastenden Getränkedosen aus den Regalen zu verbannen. Die Kunden werden aufgefordert, auf Pfandflaschen „umzusteigen“. – Ein Geschirrspülmodell hilft ebenfalls bei der Müllvermeidung, denn bei den vielen Dorf- und Straßenfesten, beim Fischmarkt oder bei privaten Feiern der Vermieter mit ihren Gästen wird so das Wegwerfgeschirr überflüssig.

Das Robbensterben in der Nordsee 1988 gab dem Umweltgedanken unter dem Slogan „Unsere Nordsee – laßt sie leben!“ einen neuen Schub. Die Wyker Dampfschiffsreederei Föhr–Amrum hat als eine der ersten Reedereien Deutschlands zwischen 1985 und 1989 in alle ihre Schiffe Fäkaltanks einbauen lassen. Auch im Busdienst zeigte sich die Reederei umweltbewußt durch Einbau von Rußfiltern und kostenlosen Transport von Fahrrädern im Spezialanhänger. Auf der windreichen Insel wird das Angebot des „Bus and Bike“ sehr gut angenommen. Die Stadt wollte nicht zurückstehen: Sie bietet seit 1991 einen umweltfreundlich entsorgten kommunalen Boots- und Autowaschplatz an.

Vor allem ist die Stadt Trägerin des „Integrierten Umwelt- und Veranstaltungszentrums“ – 1986 begonnen und 1989 vollendet und durch Einstellung eines hauptamtlichen Projektleiters institutionalisiert. Das Gebäude am Sandwall ist modellhaft ökologisch ausgerichtet und enthält nicht nur den größten, modernsten Saal der Badestadt, den Kur-

Zum Bemühen um umweltfreundlichen Tourismus gehört in Wyk auch ein wenig „Erziehung" – hier veranschaulicht an der Gegenüberstellung von schönen, natürlichen Strandfunden und unerwünschtem Wohlstandsmüll am Flutsaum des Meeres.

gartensaal, sondern auch viele Einrichtungen, die es als Ort lebendigen Lernens ausweisen. Da gibt es Labor- und Seminarräume, eine Umweltmediothek, einen Naturerlebnisraum mit Aquarium, ein 20 Quadratmeter großes Lebensdiorama. Sogar der Kurgarten wurde in einen ökologischen Garten umgewandelt mit der „Kräuterspirale", Wildblumenwiese und Komposthaufen. Es versteht sich von selbst, daß ein solches Haus nur aus umweltfreundlichem Material erbaut wurde und daß das Versorgungssystem vorbildlich ökologisch ist mit Brauch- und Regenwassereintrag, Sonnenkollektoren und Brennwerttechnik.

Am wichtigsten aber ist der rege Besuch durch die Gäste. Fast 20 000 Besucher(innen) zählte man 1992 im Naturerlebnisraum. In jedem Jahr besuchten über 4000 Gäste insgesamt 117 Vorträge. Über 15 000 Personen, jung und alt, nahmen in einem Jahr an Wattführungen, naturkundlichen Insel- und Halligfahrten, Fahrrad-Exkursionen und Kutterfahrten mit Seetierfang teil. Unter dem Kennwort „Naturlaub" bietet das Zentrum Pauschalangebote für Bildungsurlaub an.

Der absolute Renner in der zeitgemäßen Kurgastbetreuung in einem Familien- und Kinderbad wie Wyk ist das, was die Freizeithelfer und -helferinnen der Nordelbischen Evangelischen Kirche in ihrem „Laden" bieten: „Gute-Nacht-Geschichten" und Familien-Spielaktionen, Basteltage und „Teenie-Treffs", Frauencafé und Laternenfest können in einem einzigen Jahr 10 000 Erwachsene und 15 000 Kinder „auf die Beine bringen". Was das „Inselschutzkonzept" von 1989 an Ideen und Konzepten zum umweltverträglichen Fremdenverkehr, zu neuen Wegen zwischen Naturschutz und Tourismus hervorbringt, wird nicht rasch für jedermann sichtbar. Wenn aber 24 Windkraftanlagen auf der windreichen Insel ihre Rotoren fleißig arbeiten lassen, dann wird schon Strom eingespeist für rund 15 Prozent des Föhr/Amrumer Bedarfs.

Immer neue Rekorde bis in die 90er Jahre hinein sind zu vermelden. 1992 – im Jahr eines Schönwetter-Sommers – zählte die Kurstatistik 116 038 Kurgäste einschließlich der Heimkinder. Die Summe der Übernachtungen, die erst 1986/87 die Millionengrenze überschritten hatte, schnellte 1992 auf 1 628 304 empor! Die Zahl der Tagestouristen wird für die letzten Jahre vor Drucklegung dieses Buches auf jährlich über 100 000 geschätzt. Ist es da ein Wunder, daß es in Wyks engen Straßen und am Hafen wie an der Promenade zuweilen ein beängstigendes Gedränge gibt?

Wer an der Wende zum achten Vierteljahrhundert des Bestehens des Nordseebades Wyk auf Föhr die berechtigte Frage nach Sorgen für die Zukunft, nach Fehlentwicklungen und Problemen stellt, der kann für vieles

Antwort finden in dem einzigen Satz: *„Das Problem ist die Menge!“* Zu viele Autos in der enggebauten Badestadt und auf der nur rund 8 × 12 Kilometer großen Insel; zuviel Bautätigkeit allein für Vermietungszwecke, insbesondere Ferienwohnungen; zuviel Tagesgäste, die in Pulks den Sandwall entlangströmen und die beschaulichen Gänge und Gassen des Ortes nicht beleben, sondern verstopfen; Spitzenbelastungen von Wasserwerk und Kläranlage nötigen zu immer neuen Investitionen. Die Gewohnheit, statt *eines* mehrwöchigen Erholungsurlaubs mehrere *Kurz*urlaube an der See zu verbringen, schafft Probleme bei der Bereitstellung ausreichender Fährplätze und ist im Hinblick auf die Umweltbelastung nicht unbedenklich.

Alle wollen sie die Stille der Friesendörfer erleben, die Einsamkeit am Deich, in der Marsch oder auf der weiten Sandbank genießen, im nicht überfüllen typischen Insel-Lokal bei individueller Bedienung speisen. Der Urlaub, als „kostbarste Zeit des Jahres“ empfunden, soll die Bewegungsfreiheit für Spiel und Sport, für Wandern, Reiten und Radeln ebenso bringen wie die Ruhe der Strandkorb-Siesta und die Beschaulichkeit eines Bummels durch eine Kleinstadt. Ist das möglich? „Eine Überzahl von Urlaubern zerstört Erholungslandschaften“, wurde schon zu Beginn des Massentourismus Mitte der 80er Jahre in einer Wyker Stadt- und Badchronik geschrieben.

So wie wir auf den vorstehenden Seiten von mancher Krise durch das Ausbleiben der Gäste schreiben mußten, so dürfen wir am Ende unseres Ganges durch 175 Jahre Seebad-Geschichte nicht verschweigen, daß das „Mengenproblem“ genauso große Sorgen machen kann. Gut wird es sein, auf dem Wege zum 200. Geburtstag des Seebades Wyk das Typische dieses Ortes im Auge zu behalten und zu pflegen: seinen bürgerlich-beschaulichen Charakter, seine Familien- und Kinderfreundlichkeit, das überkommene Ortsbild mit seinen Gassen und Gängen, den idyllischen Winkeln und der grünen Einbettung, die traditionelle Gastlichkeit der Insulaner und die Nähe zum friesisch geprägten Insel-Hinterland, das milde Seeklima und die günstige Lage inmitten des Wattenmeeres.

Niemand kann in die Zukunft blicken. Gültigkeit behalten wird jedoch ganz gewiß der Spruch, den die Vorväter dem Stadtwappen mit dem abgetakelten Schiff gaben: „Incertum quo fata ferunt.“ Ungewiß ist es, wohin uns das Schicksal trägt . . .

Literaturverzeichnis

Altonaer Museum/Norddeutsches Landesmuseum (Herausg.): Saison am Strand. Katalog. Herford 1986

Badeführer von 1911 und 1896: Das Nordseebad Wyk auf der Insel Föhr, Wyk 1911 und 1896

Colditz, H. F. v.: Das Seebad auf Föhr in der Westsee. Husum 1819

Detlefsen, G. U.: Wyker Dampfschiffsreederei Föhr-Amrum GmbH. Chronik einer Inselreederei. Wyk und Bad Segeberg 1993

George geb. Schulz, Birgit: Der Inselarzt Dr. Friedrich Schulz. In: Senioren erzählen, Band 5. Nebel/Amrum 1986

Haeberlin, C.: Chronik des Seebades Wyk-Föhr 1819 bis 1919. Wyk 1919

Jensen, Chr.: Die Nordfriesischen Inseln Sylt, Föhr, Amrum und die Halligen vormals und jetzt. Lübeck 1927

Koops, H.: Der Besuch des preußischen Kronprinzen Friedrich Wilhelm auf Föhr im Jahre 1873. In: Der Insel-Bote, Wyk, Sept. 1978

Koops, W.: Der Kreis Südtondern und der Aufstieg der NSDAP in den letzten Jahren der Weimarer Republik. (Schriftl. Arbeit f. d. Staatsprüfung f. d. Laufbahn der Studienräte an Gymnasien) 1986. Manuskript bei der Ferring-Stiftung Alkersum

Kretschmer, E. (Herausg.): Christian Morgenstern. Ein Leben in Bild und Text. Weinheim u. Berlin 1989

Lichtenberg, G. Chr.: Warum hat Deutschland noch kein großes öffentliches Seebad? In: A. A. Abendroth: Ritzebüttel und das Seebad zu Cuxhaven. Hamburg 1818

Mann, Th.: Der Zauberberg I. Teil. Frankfurt/Main 1975

Penike, G.: Die Insel Föhr. Itzehoe 1848

Petersen, E. und Hinrichsen, H.: 300 Jahre Wyker Geschichte 1638–1938. Wyk 1938

Schmidt, M.: Hunderttausend Touristen einen Lebensraum nahe bringen. Aufsatz in Zeitschr.: Alternative Kommunalpolitik Nr. 6, 1990

Schultze, E.-G.: Meeresheilkunde. München, Berlin, Wien 1973

Tholund, J., Schultze, E.-G., Leistner, W.: Wyk auf Föhr – Geschichte und Bild eines Nordseebades. Heide 1969

Tholund, J.: Wyk. Die Stadt auf der grünen Insel Föhr. St. Peter-Ording 1985

Vogel, S. G.: Allgemeine Baderegeln. Stendal 1817

Warnstedt, F. v.: Die Insel Föhr und das Wilhelminen-See-Bad. Schleswig 1824

Weigelt, G.: Die nordfriesischen Inseln vormals und jetzt. Hamburg 1873

Zacchi, U.: Inselwinter. Heide 1987

Zacchi, U.: Ein Strauß-Walzer, am Sandwall geboren. In Föhrer Sommer-Journal, Wyk 1992

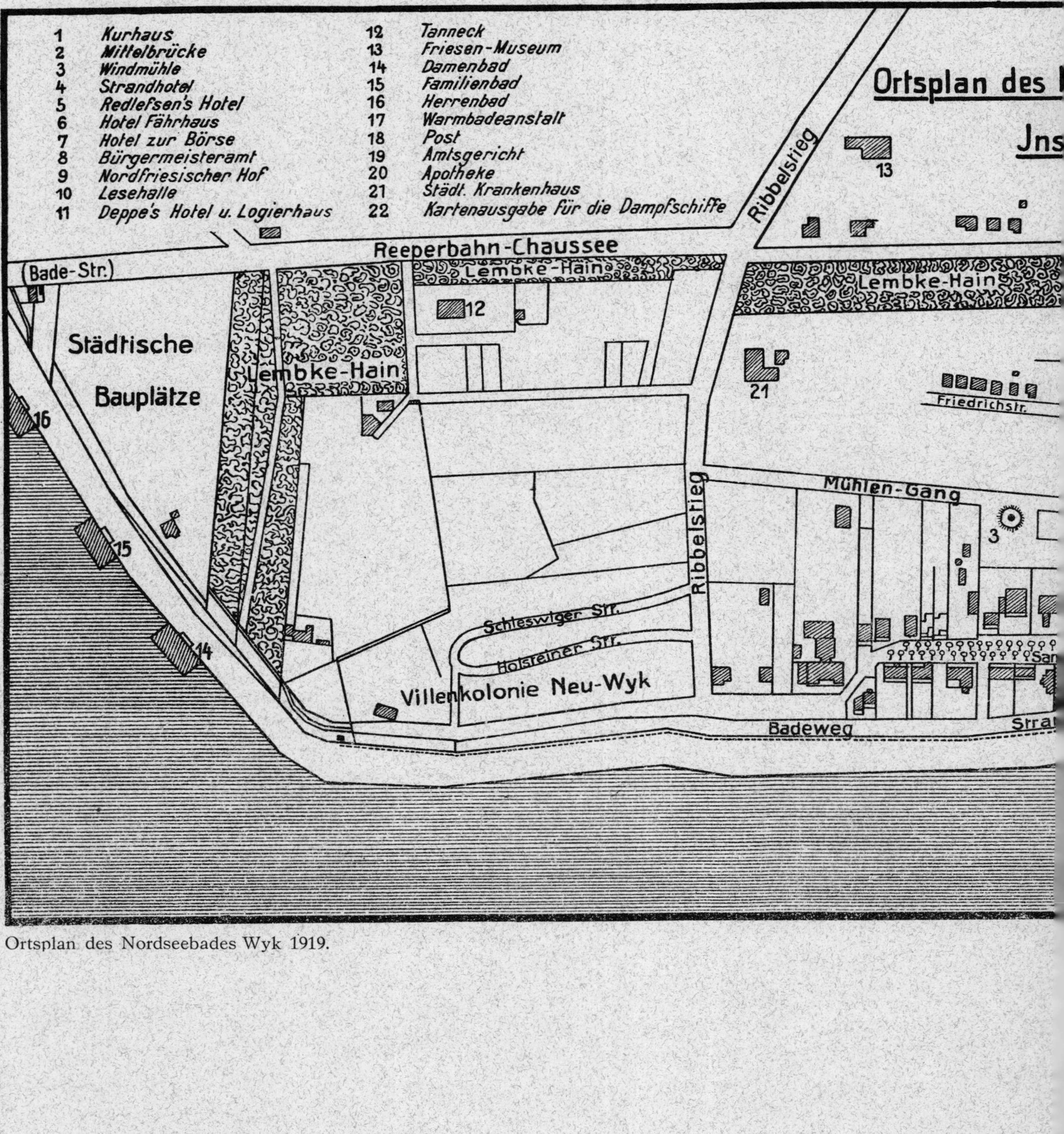

Ortsplan des Nordseebades Wyk 1919.